モラロジー生涯学習資料

No.02

はじめに

本書『モラロジー生涯学習資料』は、従来の『社会教育資料』ならびに『季刊　モラロジー生涯学習』の流れを汲むものです。

『社会教育資料』は、昭和二十六年八月に創刊されました。廣池千英所長（当時）による発刊の辞では、「筋金の入った本当の日本」をつくっていくうえで、その根本をなす「国民としての人生観」「国家としての世界観」の大切さが強調され、モラロジーを学び教育活動に携わる者は、これを基調として「自己の品性の完成」「人心の開発救済」に邁進すべきことが述べられています。本誌はこれに資するためのものとして発行を重ね、平成六年五月発行の第一二九号より誌名を『季刊　モラロジー生涯学習』に改めた後、平成十一年三月発行の第一四八号をもって休刊となりました。そして平成二十三年十二月、新たに『モラロジー生涯学習資料』として第一号を刊行し、廣池千九郎研究資料「人間の真に安心ならびに幸福を得る方法」（モラロジーの草創期における講習会で使用するため、昭和七年にまとめられたテキスト）等を収録しました。

今、私たちが社会の中での教育・実践活動を通じて「人づくりによる国づくり」を推進するという責務を果たしていくためには、社会の変化や学問の進歩などを踏まえた現代的な視点に立ちながら、モラロジーの創建者・廣池千九郎の真精神に迫る「より深く掘り下げたモラロジー学習」が必要であると考えます。

本書『モラロジー生涯学習資料』では、「モラロジー・倫理道徳の専門的研究」と「生涯学習・実践活動」との現場をつなぎつつ、モラロジーの学習と最高道徳の実践に資する情報を提供してまいります。本書が皆様の学習と実践の一助となることを念願しております。

平成二十四年八月

公益財団法人モラロジー研究所　出版部

モラロジー生涯学習資料　第二号◆目次

装幀　ＳＨＩＮ事務所

【廣池千九郎研究資料】

真の安心平和と幸福と人間最後の勝利と万世不朽の基礎

（廣池千九郎）

〈解　説〉

廣池千九郎の遺志 ――さらなる更生を願う

昭和六年（一九三一）、大病を機として人生の大きな転機を迎えた廣池千九郎は「日本人間に鞏固《きょうこ》なるモラロジーの精神団体を造ることが世界救済の本なり」（『廣池千九郎日記』④一二六ページ）との信念に基づいて、全国に活動の拠点を設け、モラロジーに基づく社会教育の普及に着手しました。さらに昭和九年、『道徳科学の論文』（第二版）を公刊し、昭和十年に至り、教学の拠点として道徳科学専攻塾を開設し、名実ともに本格的なモラロジーに基づく教育活動を展開していきました。

念願のモラロジー活動の礎を築いた廣池千九郎は、その心境を、日記に「この上御守護あらば、全人類の人心救済のため飽くまで努力を惜しまざる決心なり」と記しています（昭和十一年、『日記』⑥四〜五ページ）。そして、その「努力」を二つの方向へと展開しています。一つは、モラロジーに基づいた教育活動のさらなる発展です。もう一つは、モラロジーの教えを正しく理解し、それを伝えていく人材の育成でした。晩年を迎えた廣池にとって、人材の育成は急を要する課題であったのです。

後進の育成

当時、廣池の胸中には、モラロジーの教学が正しく伝承されていくか否かということへの懸念がありました。

なぜならば、廣池が樹立したモラロジーの教学は、幅広い学識と長年の人生経験を積まなければ理解できない領域を有し、特に「最高道徳」に基づいた精神的な指導は、教えを取り次ぐ人の見識や人格に大きく左右されるものでした。よって、モラロジーを誤りなく後世に伝えることのできる有為な人材の育成こそが、最晩年の廣池に課せられた最大の課題であったのです。

昭和十二年二月七日に発せられた「モラロジーの指導階級に居る先輩に対する注意」には、次のように述べられています。

　モラロジーの先輩の人々の個人に対する開発上の話をはじめ、団体に対する講演ならびに講話を聴くに、それがすべて一部分的原理を全体の真理のごとくに説明して主義的に断定を下す弊があるようであります。つまり帰納法になっておらぬのであります。そこで自分だけ分かっておっても聴く人や第三者にはよく分からず、したがっていろいろな不審が起こってくる弊があるのです。

つまり、教学の一知半解に基づく活動は、形式にとらわれ、道徳の権威を低下させてしまうだけでなく、それを説く人自身が人生を踏み誤ってしまうことにもなりかねないのです。

続いて次のように述べています。

　真の自己の利己的本能を去って、天地の法則すなわちいわゆる神の心に合する至誠慈悲の心をもって人心の開発を行い、もって一方には経験と徳とを積み、一方には今いっそう学問の科学的研究法を研究して、これをモラロジーの研究に応用し、もって大いに

谷川第１回幹部講習会（昭和 12 年 7 月 22 日〜28 日）
各地の幹部 80 名余が参加。
廣池千九郎にとって、谷川における最初で最後の幹部講習会となった。

モラロジーの研究を進歩させてくださるように致したならば、各位の御話も一段の進境を開き、これによりてもっていよいよ各位の徳もできるのであります。よくよく各位の御反省と御注意とを乞う次第であります。

昭和十二年二月七日　（遺稿）

モラロジーに対する偏りのない理解と良識に基づいた指導は、モラロジーを学ぶ者一人ひとりの不断の精進に裏づけられなければならないというのです。言い換えるならば、より深い理解とより切なる更生への意思は、年を重ねるほど、また、指導的な立場に立つ人ほど重要な課題となるのです。このことは、晩年に

「モラロジーを世界の人々に誤りなく実行させせようとして」発せられた、おびただしい量の「訓示」「教訓」によって理解することができます。

さらに、晩年に編纂された教訓集の序文の一節に「篤《とく》と胸に手を当てて過去を御反省の上、まったく更生の生活にお入りください」「今、私の言うことを軽々に御聞き流しになされずに、深く御反省の上御実行くださいこと記し、「モラロジーの父」と署名していることを思い起こしていただきたいと思います（『教訓抄』八ページ）。

今回収録した「真の安心平和と幸福と人間最後の勝利と万世不朽の基礎」と題する遺稿は、このような背景のもと、昭和十二年一月に執筆されたものであり、最晩年の廣池の遺志を伝える重要なものです。特に「第三」節に「願わくば速やかにまったく精神的に更生せられんことを」とあるように、モラロジーを学ぶ私たち一人ひとりの徹底した「精神的な更生」こそ、晩年の廣池千九郎の「モラロジーの父」としての願いであったのです。

要するに、晩年に記された廣池の教えは、将来にわたって教えを継承していく人たちに対する「モラロジーを正しく理解し、更生への道を歩んでほしい」という一念に尽きるものであり、それはまさに「血を吐く思い」であったのです（『教訓抄』八ページ）。

これらの廣池の遺志を前提として、あらためて今回収録した「真の安心平和と幸福と人間最後の勝利と万世不朽の基礎」を熟読することによって、モラロジーを学ぶものとしての意識をさらに高めることができると考えられます。

（文責＝廣池千九郎記念館館長・井出　元）

第一　まず人間とは人間の肉体をいうのか精神をいうのか

人間とは人間の肉体と精神との両部分を指すのですが、しかしその真の人間の本体（リアリティ）は人間の肉体でなくして、人間の精神そのものであるのでござります。ローマ法でも、その他の各国の古代法でも、現代の世界各国の法律でも、人間の肉体に欠陥があっても、これを人間として取り扱えど、精神に異状があれば、これに法律上の人格を完全には付与せぬのです。しこうして、このことは『道徳科学の論文』の第四章第十項全部を参照すれば明らかでありますが、その第二節の規制的原理すなわちコンスティチューティヴ・プリンシプルの条を、特に参考せば明白であります。さて、肉体とこれに伴う本能とは、人間でも動物でも同一であるのです。ただ、精神は人間と動物と異なるだけでなく、人間も動物もその一人一人一匹一匹、すなわち個々別々に異なり、父子兄弟の間にても各《おのおの》異なっておるのであります。これがいわゆる個性、すなわちインディヴィデュアル・キャラクターと申すものであるのです。それゆえに、聖人柳下恵《りゅうかけい》の弟に大盗賊柳盗跖《りゅうとうせき》があったのです。父祖の遺伝ということはあれど、これはただ大体の類似であるので、各自の肉体でも相互に違っておりますが、精神の相違はさらに大きいのであります。

そこで人間と申すは、主としてその人間の精神を指すので、肉体はその精神の表現の一部分に過ぎぬものであるのです。それゆえに、品性（キャラクター）といい人格（パーソナリティー）というも、皆その人の精神を指すのであります。されば、古来聖賢の人が人間を教育（エデュケート）するというのも、開発（エンライトンメント）するというのも、救済（サルベート）するというのも、皆人間の精神に対する仕事であるので、肉体を化粧するというようなことではないのであります。更生とか転向すなわちターンとかいっても、皆精神の問題であるのです。そこで政治や法律や現代の形式教育にて、今はいろいろな施設をしておっても、それは人間を改造する仕事にならずして、政治家や法律家や教育家が、自分の気にくわぬものをただ一時抑えつけて、自分に従わせていくというような姑息《こそく》の政策に過ぎぬものであるのです。こういう大切なことを学者も知らず、実際家も知らずして、ただ万事形式にて人類が進化し、国家が治まり、国民が安定して、人間永久の平和と安心と幸福とができると思うておるのは浅薄《せんぱく》な考えにて、これはつまり世界における従来の精神科学に、真の科学的研究の行き届いておらぬためであるのです。

そこで新精神科学としてのモラロジーにては、単に人間の更生を図るには、精神的に重きを置くというような浅いことでなく、一切人間の精神を目的物として、その開発と救済とを行うておるのであります。これをもって人間の品性を造るのに、信仰、礼拝、合掌、祈禱《きとう》というような外部の目的物に依頼するごとき虚偽的方法をば一切排斥して、人間各自の精神を開発し救済し、もって各自の利己的本能を去って、天地の法則、すなわちいわゆる神の心に合する慈悲至誠の精神を扶植《ふしょく》し、しこうしてこれを更生せしむるのであります。

されば、モラロジーには一切の儀式もなく形式もないので、ただ精神の慈悲至誠と、これに基づく人心の救済とがあるのみであります。しかしながら、この人間社会には、因襲的なる習慣もあり法律もあり、儀式もあり礼儀もあるから、モラロジーにては一方に情理円満を守ることになっておるのであります。そこでモラロジーにては、この社会の因襲的制度を守らしむるのであります。それゆえにモラロジー始まって以来、大よそ四十年余りにもなれど、いまだ政治法律習慣その他のものと衝突したことは一度もないのでありますが、しかし慈悲至誠、人心救済の真目的を忘れて、円満とか調和とか、信仰とか礼儀とかいうような末節に走り、ジャーナリズムになることは特に戒めてあります。万一、そういう阿世曲学《あせいきょくがく》の徒となりましたならば、それはモラロジーを悪利用せる天地の法則の反逆者であって、人類の進化を妨ぐる大罪人であるのです。しこうして、せっかくモラロジーに入りながらついに滅亡に終わる愚人であるのです。されば、諸君は深くこの点に注意反省せねばならぬのであります。

第二　精神作用の力の偉大なることを述ぶ

人間の精神作用の偉大にして、その力がまずその人の肉体を動かして病を直すこともでき、かつその力が自分以外の人間や他の動物にまで及ぶのみならず、天地万物に感応して風雨気候をも左右することは『道徳科学の論文』の第四章第七項・第八項・

第九項・第十項および第十二章第十二項第二節に詳《つまびらか》になっております。例えば犬猫が飼主の心を知り、馬が乗手の心を知ることは誰も知っておるが、山羊《やぎ》が自分を愛する心のある人でなければ快く乳をしぼらせぬことや、鹿が鹿を愛する人の鹿笛でなければ集まらぬことなど、人間の心が動物に感ずる実例は枚挙にいとまなきところであります。

しかるに人間は、欲すなわち利己的本能が盛んであるから、他人の精神が分からんのです。われより上の人を見れば欲のために眩惑して諂諛《てんゆ》し、商品の買手がよい値段をいえば、これに眩惑して先方の善悪が分からずにだまされて損をするのです。しこうして一方にはまた他人の心を諂諛と思うのは、自分の心をおしあてて邪推するのであって、いずれにしても人間は欲のために他人の精神の善悪が分からぬのであって、かえってこの点は純真な動物に劣るのである。しこうして、人間の精神の力が天然の気候風土にも及ぶとの古代聖人の経験は、このことを法律にまで現して、国家の制度としてあるくらいであります（『大唐六典』『大宝令』など）が、かかる聖人の経験に基づく御教えをも、近世の人間はこれを疑うて信ずるものもなく、人間の精神の力のいかなるものたるかをも知らぬのは浅ましいことであります。人間の精神と気候風土との関係は、前にも申せしごとく、『論文』第十二章第十二項第二節に詳にしてあります。

第三　講師ならびに各地方首脳部のものをはじめ多数の会員いずれも、今日なおいまだ形の上の更生、実は一つの転向のみにて精神の更生なし。願わくば速やかにまったく精神的に更生せられんことを

元来、古来東西の宗教や教化団の人々は、皆ただその教理（ドグマ）、教説（ドクトリン）に感じ、利己的本能の上から形のみの更生（実は転向）をするのです。さればいずれもかくのごとくにしてできた信仰や道徳ですから、初めから真に神様の慈悲至誠に同化して更生したのでないのです。ゆえに最初は、身も心も財産も皆神様に捧げて、涙ぐましいほどの至誠あれど、それが真の精神から出たのでないから、日を経て少しくその社会にて会長とか住職とか指導者とかいうような好地位を得れば、直ちに元の利己的本能に返りて、傲慢、僭上《せんしょう》、私欲、偏頗《へんぱ》、手も付けられぬ外面菩薩のごとき、内心夜叉《やしゃ》のごとき悪人になって、世を欺《あざむ》き人を害して、ついに自ら亡ぶるに至るのであります。

わがモラロジーの講師や首脳部におるものの中にも、今日（昭和十二年一月この文を草す）においては、そろそろこういう人が現れそうになってきて、各地に不安や不平が起こりかけておるので、実に驚いておるのであります。元来、人間が利己的本能から更生する場合に、一時、教理（ドグマ）とか真理（ツルース）とか原理（プリンシプル）とかを聴いてこれに感激し、あるいは金を出して人心救済を助け、あるいは努力をなして人心救済に貢献するに至るのは結構であれど、それが単なる感情から来た感激や、浅薄なる理性の判断から来た共鳴であるときには、それはその人の精神の一部分の変動の結果に過ぎずして、かの忌むべきイズム（主義）の類であるのですから、第一にその感激や判断は久しからずして醒《さ》むるものである。また、たとい醒めぬにしても、幾年かの後、何かの好地位を得れば、たちまちにその信仰とか判断とかいうようなものは次第に変化して、その精神は元の利己的本能のみにもどり、ついにその更生以前の利己主義的人間となるのみならず、かかる人間はその信仰以前よりは、さらに佞奸《ねいかん》、悪辣《あくらつ》、横着なる人間になって、ついに滅亡に赴くのであります。

しかるに一般世人はもちろん、モラロジーの指導階級に立つ人々でも、その大部分は、真にこの原理と方法とを悟らずに、御世辞《おせじ》、追従《ついしょう》、諂諛（へつらい）、八方美人的ジャーナリズムにて、真の更生ができておらぬのであります。ゆえに、伝統その他会員から真に信用せられておらぬのであります。それに、自分のなすことを最高道徳であると誤解しておる人が多いようである。誠にその人々のために気の毒な次第であります。

真に全部、天地の法則すなわち神様の御心に通ずる方法と申すは、その人の精神が真に慈悲至誠となりて伝統の大恩を思い、これに対する深き思いやりの心を持ちつつ報恩のためとして、人心の開発もしくは救済をさせていただくという目的をもって、自分の実行せる伝統奉仕の慈悲至誠の精神を他人の精神に移植することであります。この移植事業がいわゆる開発救済であります。それからさらに進んで伝統に安心を与うるために、自分の同列や下級における人々に対して、深い思いやりの心をもってこれを愛して一切他と争うことをせず、また他に不平を起こさするような心使いと行いとをせずに、情理円満、公平無私に自分がすべての人々の父母となったつもりにて進んでいくのであります。

そこで形の上だけ、巧言令色《こうげんれいしょく》（うまく言い笑い顔する）をもって慈悲至誠を示しただけにて、その精神に真の思いやりのある慈悲至誠がなければ、それは佞奸邪知《ねいかんじゃち》の小人の類にて、必ず天地の法則すなわち神様に対してはもちろん、すべての人間の心にも悪く映ずるので、ついに閉運に終わり、その末路は悲しむべきことになって、モラロジーを聞いた効力はなくなるのであります。返す返す申しておくが、精神に真の思いやりがなく慈悲至誠がなくして、詞《ことば》の上や行いの上のみにうまいことをいうとか、行うとかすることは、天地の法則すなわち神様の御心にも通ぜず、また他人の心にも徹底せぬのでありますが、そういうことは俳優（役者）が正成や由良之助に扮装《ふんそう》して舞台で踊るのと同じであって、その言語や動作に現るる忠孝節義の道徳型は観客をして泣かしむれど、誰一人この俳優を忠孝節義の本体として尊敬するものもなく、またその泣いたときの感激が続いて、忠臣、孝子、節婦、義人になり了《りょう》する人もないので、つまりそれは一時の娯楽に終わり、俳優のほうは一種のある生活（いのち）になるばかりのことであるのです。当モラロジーではかような形だけを最高道徳にして、一種の生活のために他人の娯楽物になって働くような人間をば、これをモラロジーを聴いておる人間としては認めぬのであります。

（本書収録にあたって用字用語等、一部を現代表記に改めました）

【総合人間学モラロジーと現代】

座談会 『テキスト モラロジー概論』を学ぶ(一)

基礎編 第一章「倫理道徳のめざすもの」
第二章「幸福をもたらす根本」
第三章「道徳共同体をつくる」
第四章「普通道徳から最高道徳へ」

●出席者(順不同)

北川治男(モラロジー研究所 常務理事)
田中総司(同 相談室相談員)
山田 順(同 生涯学習本部教育推進部長)
大野正英(同 道徳科学研究センター副センター長)

司会＝横山守男(同 出版部長)

＊注は該当語の右側に「①」のように付し、章末に解説を施しました。

『テキスト　モラロジー概論』刊行の趣旨

横山　「モラロジーと最高道徳」の内容を体系的にまとめた『テキスト　モラロジー概論』（以下、『概論』）が、平成二十一年四月に刊行されました。刊行と同時に柏生涯学習センターで開催されている「モラロジー概論講座」のテキストとして活用され、今年で四年目を迎えています。「モラロジーと最高道徳」の要点を紹介し、その基本内容を提示するとともに、現代社会の困難な倫理道徳問題に対する処方箋を提示しようとするテキストです。

いくつかの地域では、この『概論』を活用した学習会も展開されています。そして講座を受講されている方や学習会に参加されている方から、「この箇所をもっと詳しく説明していただきたい」とか「ここで示されている語句は、具体的にはどのようなことですか」というご要望やご質問を受けることがあります。そこで、『概論』の制作や講義の担当者として、『概論』学習への手引きとなるように、本書の特徴や新しい視点、そして内容をより深く理解するためのポイントについてお話しいただきたいと思います。

最初に、『概論』刊行の趣旨について、テキスト編集委員会の委員長を務められた北川講師にお話しいただきたいと思います。

北川　『モラロジー概説』（昭和五十七年十月刊、以下『概説』）以後の新しいテキストづくりに十数年をかけてでき上がったのが、『総合人間学モラロジー概論――互敬の世紀をひらく道徳原理』（平成十九年九月刊）です。この企画は平成九年に設けられた「新テキスト編集委員会」から始まります。前年に発表されたモラロジー研究所のグランド・デザインを踏まえて、柏生涯学習センターにおける講座用テキストの編集に携わってきた委員会は、その過程において、テキストの枠組みに縛られず、倫理道徳におけるモラロジー研究所からの提言の書とするための作業に取り組みました。『総合人間学モラロジー概論』はモラロジーと最高道徳の要点を紹介しながら、倫理道徳に関する現在の知見を渉猟《しょうりょう》し、新たに書き下ろしたものです。そして、『概論』は『総合人間学モラロジー概論』に基づいて、『概説』の内容を刷新したものです。

『概論』は現代社会の諸問題に向き合いながら、それに応じて実生活における道徳実行の手がかりが得られるようになっています。『総合人間学モラロジー概論』は学術的な視点がかなり強かったのですが、その点、『概論』は講座のテキストとして、贅肉《ぜいにく》と言っていいのかどうか分かりませんが、そのようなものは削《そ》ぎ落として、受講される方にモラロジーと最高道徳の基本をしっかりご理解いただくような形にまとめてあります。

横山　この点について、教材開発を担当された田中講師はいかがでしょうか。

田中　『総合人間学モラロジー概論』における「いのちの存続と発展」は、モラロジーでいうところの「人類の生存、発達、安心、平和、幸福」にあたるわけです。精神的な意味を含めているモラロジーでいう「人類の生存、発達、安心、平和、幸福」のほうが、より人間生活の深いところを示していると言っていいと思いますが……。

一般的には国連を中心にして「持続的発展」[①]という言葉が出てきて、いのちの存続、そして発展ということが世界的な一つの大きな課題になってきています。環境問題ではとくにこの点を強調します。資源問題、食糧問題や水資源問題に直面して、人間が存続し発展していくためには、ほんとうにこのままでいいのだろうかということが非常にはっきりと示されました。そして、道徳を人類の存続と発展に不可欠である問題解決のベースにしようではないか、という動きが出てきたのではないかと思います。

道徳の本質について考えていくと、私たちのいのちをしっかりと存続させて発展させるためのものです。それでも普通道徳ではどうしても限界がありますので、いのちの存続と発展をより完全にしていくためには最高道徳でなければならないということです。それが文章上で十分表現できたかということは別にして、ねらいはそこにあると思います。

もう一度繰り返しますと、「いのちの存続と発展」を基礎として、人類的な目的を実現するために道徳があるわけですが、どうしても普通道徳ではそこに行き着けないのです。ですから、最高道徳で行うということが、全体的に整理されてきたように思っています。

横山　この『概論』は、モラロジーの原典である『道徳科学の論文』（廣池千九郎著）に基づくものであり、その教えを現代的に展開しているものでもあります。さらに、『総合人間学モラロジー概論』を踏まえて、講座テキスト用に分かりやすく、講義を展開しやすいように整理されています。モラロジーの熟成された価値内容を、新しい皮袋に盛ったものであるとも言えますね。

注①　持続的発展

将来世代のニーズを損なうことなく、現在の人々のニーズを満たすような発展のことで、国連の「環境と開発に関する世界委員会」が一九八七年に報告書（邦題『地球の未来を守るために』）の中で提唱した考え方。

第一章　倫理道徳のめざすもの

「善」とは何か

横山　それでは、本書のねらいと内容についてお話しいただきます。まず「基礎編」（第一章〜第四章）における第一章のねらいについて、また特に押さえるべきポイントについてお話しいただきたいと思います。

北川　第一章では、「モラロジーとは」「最高道徳とは」という視点について、あらかじめしっかり整理して理解できるように編集されていると思います。そして、倫理道徳の二つの側面から位置づけています。一つは個人の人生の中で道徳はどうあるべきかということと、もう一方は倫理道徳の社会的な側面・人類史的な側面です。つまり「倫理道徳とは社会の変化に伴って発展していくものである」ということです。

そして、一般の倫理学の教科書には必ず「善」についての議論があるわけですが、この『概論』も倫理道徳の書である以上、善論を取り上げました。しかし、いわゆる倫理学的なむずかしい議論に入っていくの

北川治男（きたがわ　はるお）
モラロジー研究所常務理事・社会教育講師、麗澤大学特任教授。道徳科学研究センター長・モラロジー専攻塾塾頭等を歴任。

ではなく、やはりモラロジーの原典である『道徳科学の論文』に帰って、「道徳は人類の生存と発展を約束するものである、それが善である」と定義できると思います。

われわれの人生の目的は、「善」を前の世代から受け継いで、われわれの世代においてより豊かなものにして、それをさらに次の世代に伝えていくことにある。そうした人間の大きな営みの中に私たちの生き方があり、そこに人類の幸福が実現されていくという大きな流れで説明されています。

横山　『概論』八ページからの「倫理道徳と人類の歴史」という項の中で「倫理道徳は、結局は人類の幸福をめざす精神と行為であり、善悪の物差しであり、それに従って生きる道を示すもの」と説明されており、善を「受けること」「育てること」「譲ること」という「善を実現する三つの段階」が新しい内容として入っています。これについて、「受ける・育てる・譲るという流れは分かるけれども、善そのものを実生活上の感覚としてとらえにくい」という声があります。この点については、どうお考えですか。

田中　これまで当研究所から刊行されたテキストの中では、善ということをあまり具体的に展開してきませんでした。倫理道徳とは善悪の基準を示すものであるという、一般的な受け取り方をされたとき、「善とは何か」「悪とは何か」ということについて、ある一定の共通の理解が必要なわけです。しかし、善の問題を学問的に議論しはじめたら、収拾がつきません。しかもそれを説明したところで、「結局、何なの」という感じだけが残ると思います。私たちは学問的な善悪の定義を知りませんが、何がよいことだという漠然とした感覚はもっているはずなのです。善というと少し緊張感が走って「善とは何か」という議論になるのですが、私たちは「何かいいなあ」と思うような、あるいは「あの人はよい人だなあ」という、その中身をうまく説明はできないのですが、なんらかの基準をもって生きているのは疑いないことです。

だから、人間が幸せになっていくことと か、人生をよりいっそう輝かせるものに対して、「いいなあ」とか「すばらしい」という感じをもつわけです。漠然としているかもしれませんが、私たちは何か「善きもの」を考えるとき、その奥に言葉にならない善の概念というよりイメージをもって生活をしています。人間が存続して発展していくことと、人間が幸福に生きていく中でいのちがより輝く状況を建設していくこと、それらが善であり、それを破壊していくことが悪である――それぐらい大雑把な考え方のほうが、実際の日常生活で生かしやすいのではないでしょうか。

ソクラテスの善や古代ギリシャの善はどうであったか、カントはどう言ったか、そのように考えても、日常生活にはあまり役に立たないようです。

個人の幸福から人類の幸福論へ

山田　モラロジーでは廣池千九郎博士以来、「幸福」ということを言ってきました。今日の社会が地球全体の環境問題への取り組みを訴え、世界秩序を求める中で、世界の人口が七十億を超えて発展の限界が見えてきました。リオ・デ・ジャネイロで開催された「環境と開発に関する国際連合会議」[1]のように、もう地球全体は限界を迎えており、地球全体をどう調整するのかという議論に変わりました。発展の意味も変わりました。

そこで、われわれの幸福とはどのようなものを指すのかと考えたとき、幸福と言っただけでは主観が入って曖昧《あいまい》になる。したがって倫理道徳の立場から、やはり善という概念をもち出さざるを得なくなったということなのです。第一章は「倫理道徳のめざすもの」であり、その最後には、「幸福の実現と人間の精神」という項でまとめていますから、なぜ善を出さなければいけないのかを確認しておかなければいけないでしょう。概論講座でも、いちばん質問が多いのは、「なぜ、善の概要を理解しなければいけないのか」ということです。

田中講師から説明があったように、善を倫理的・学問的に議論したら大変なことになる。しかし、あえて言わざるを得なかったのは、幸福だけでは説明できない何かがあるということです。そこを詳しく説明しなければ、いつもそこでつまずくのです。

田中総司（たなか　そうじ）
モラロジー研究所相談室相談員・社会教育講師。道徳科学研究センター副センター長・教材開発室長・教授等を歴任。

田中　それは後で大野講師や北川講師から補足していただければと思いますが……。冒頭に申し上げましたように、この『概論』は、倫理道徳のテキストであると同時に、一つの学問の書でもありますから、骨子は科学です。そうであるならば、倫理道徳が扱っている善悪の問題について、その定義を述べないまま、幸福という言葉で代用するというのは語弊があるかもしれませんが、一般にイメージしやすい幸福だけでは学問論としては成り立たないだろうと、私は思っています。ですから、「善きもの」の中に幸福ということは当然含まれるし、モラロジーで述べてきた「人類の生存、発達、安心、平和、幸福」もすべて「善きもの」に含まれます。果物の中に林檎《りんご》や蜜柑《みかん》があるように、「善きもの」の中に幸福がイメージされることもあるし、安心やいのちの存続ということも言われることがあるでしょう。善という非常に大きな概念の中にはいろいろなものが含まれています。

山田　それは「個人がいかに幸福になるか」ということから、「人類全体の幸福論」にまで議論の土俵が広がったということでしょうか。

田中　そう理解していただけるとありがたいです。

「善」の新しいとらえ方

横山　九ページの八〜九行目に、「幸福な状態を、人類は『善きもの、すなわち善』という言葉で表し……」と述べられています。この点について、大野講師はどうお考えですか。

大野　それについては、『総合人間学モラロジー概論』の執筆のとき、今は亡くなられた麗澤大学の永安幸正教授とかなり侃々諤々《かんかんがくがく》の議論となりました。実は、私個人としては善という言葉を使わないほうがよいのではないかと申し上げました。なぜかというと、「日常用語としての善や善悪という使い方」と、「哲学や倫理学で使われているところの善悪という用語」の間に、特に善については大きな違いがあり、たぶん一般の方には、哲学や倫理学で使われている善は、分かりにくいだろうということを非常に強く感じていたからです。ただし、確かに善という言葉を使うことによって、見えてくるものが非常に多くなっていることも事実です。

その違いは、私なりの解釈で言うと、私たちがふだん使っている善悪は、何か善いこと、悪いことという意味、善人・悪人のように、善い事をする人、悪い事をする人のような感覚です。つまり、善事・悪事という使い方です。

それに対して、この『概論』で使われている善は、まさにいのちを発展させていくことに役に立つこと、あるいはもう少し突っ込んでいくと「幸福に役立つこと」というような意味です。それを善として規定して、逆に「いのちを害する」とか、幸福にマイナスを与えるようなものを「悪」と考える。そういう意味で非常に広い、善いもの悪いものという感じで私なりにとらえています。永安教授は、経済学を中心に広く社会科学を研究された方です。教授は、「英語で goods っていう言葉があるだろう。それで考えれば分かるんだ」と言っておられました。

少し専門的な話に入りますが、英語で

「public goods」と言った場合、日本語に訳すと「公共善」となりますが、同時に経済学では「公共財」という意味もあります。英語の goods は、good に s が付いた形ですが、まさに「善」という意味と同時に物という意味が入っています。語源学的に正確に調べたわけではありませんが、要するに人間に役立つものが goods であるという意味です。そのような発想をすると、分かりやすくなります。人間にとって役に立つものとは、目には見えなくても、文化あるいはその価値はもちろん good＝善であり、同時に具体的な物や技術など、人間が生きていくため、あるいは人類が発展していくために役に立つものは、すべて goods という「善」にひっくるめられる概念だろうととらえると理解しやすいと思います。

私がこのとらえ方を言ったとき、田中講師が、「善を理解するうえで非常に分かりやすい」と言われたと伺っています。ただ日常で使用する善という言葉とは違って、少し分かりにくいですけれども……。

横山 『概論』一六ページの「注」の中に「本書では、『善』とは人類の生存、発達、安心、平和、幸福など、人間の福利そのもの、また、その実現にかなう事物を指して用いる」とあります。この善を「受ける」「育てる」「譲る」という三段階において、善を幸福のために価値あるもの、いのちを育てるために価値あるもの、さらに人間に役立つ技術などを含めていることはよく分かります。ところが、善悪という見方から「善と悪」について考えると分かりにくくなりますね。

いのちを発展・存続させる「善」

山田　そこなのです。『概論』の「三、倫理道徳と人類の歴史」という項の最初のところに、「倫理道徳は、結局は人間の幸福をめざす精神と行為であり、善悪の物差しであり」と出ています。善いこと、悪いこと、これはしてはいけないとか、こういうことは善いことだからやりましょうという勧善懲悪です。ここで述べているのは、まさに一般に言われている善悪です。

　ところが、次の段階で「善」という別の概念が出てくるわけです。ここで、善という概念がどちらを言っているのか分かりにくくしているのです。ここが、第一章を説明する際にいちばんむずかしいところです。

田中　もとより善についての議論は、始めるとわけが分からなくなるという性質の

山田　順（やまだ　じゅん）
モラロジー研究所生涯学習本部教育推進部長・社会教育講師、麗澤大学非常勤講師。道徳科学研究センター教育研究室研究員・教材開発室ソフトコーディネーター等を歴任。

ものようです。それにもかかわらず、私たちは善因善果、悪因悪果などと簡単に使いますが、そのときの善いこと・悪いことは何を基準にして言っているのか、分かっているようですが、誰も分かっていないのではないでしょうか。

ですから、社会一般でも理解できるように、善を「人類の生存、発達、安心、平和、幸福など、人間の福利そのもの、また、その実現にかなう事物を指して用いる」（一六ページ）と定義をしてあります。

社会教育の現場でも、「モラロジーは、人類の生存、発達、安心、平和、幸福をめざす学問です」と言ってもおそらくピンとはこないと思います。そこで、「人間が自分のいのちを永らえて、それを発達させて、みんなが幸せになっていくために役立つ『善いもの』をつくっていくのです」と言えば、たいへん大きな話ですが、一般の方にもモラロジーがめざすものを理解してもらえるのではないかと思います。

善が変わったということではなく、「善いもの」とはいったい何なのかという議論の中心になるのは、やはり「いのちを存続させて発達させていく」ということだと思います。

北川　『総合人間学モラロジー概論』で善をもち出すことに対する抵抗はずいぶんあったのですが、『道徳科学の論文』にも、善悪の基準をはっきりさせなければ因果律を明らかにすることはできないとあるわけです。やはりまず、人間にとっての善きものは何かということをはっきりさせることは最初に必要でしょう。

　それに先の大野講師の話から、人間にとっての精神的な豊かさと物質的な豊かさ、さらに個人的な幸福や社会的な福利を含めて、それを善で表すと、精神的なものと物質的なものをつなぐ役割を果たし、個人的なものと社会的なものの両方を視野に入れた幅の広い道徳論が展開できるという土俵を与えてもらったような気がしています。

　会社でも何か役に立つものをつくれば、それが善を生み出しているというような説明が可能になると思います。

山田　ただ、グローバル時代だから、会社にとってよいことが人類社会にとってよいことかどうか。儲けるために生産することやサービスを提供することはよいことかもしれませんが、必ずしもそのことを全地球的視野から見たらよくないこともあるかもしれません。

大野　それが「私的な善[2]」と「公共の善[3]」というところですね。

大野正英（おおの　まさひで）
モラロジー研究所道徳科学研究センター副センター長・社会科学研究室長・教授・社会教育講師、麗澤大学経済学部准教授。

横山　そして一二ページで「人類社会を見れば、いのちの存続とその発達、そして幸福という善を実現するために……」と述べられているように、第一章「倫理道徳のめざすもの」では「いのちの存続」ということが強調されています。

山田　今回の『概論』では、いのちに最大の価値を置いて、いのちをいかに存続させるかということが、倫理道徳のいちばんの眼目になっています。そのため、幸福という概念よりも善悪の概念を用いたほうが、より広い範囲をカバーできて、説明しやすくなったようです。最初にその点をしっかり押さえておかないと混乱します。単なる善悪の基準と、「いのち＝善きもの」という考え方の間に飛躍があって説明がしにくいのです。

これまでの『概説』になじんでいた人、あるいはモラロジーをよく学んできた人が、ここで最初につまずくのです。この部分を十分に理解さえすれば、「便利な物差しができた」「新しい概念ができた」と喜ぶ方は多くいます。しかし、つまずいている方も結構いらっしゃる。「そこを明確にしてもらわないと先に進めないんだ」と言ってこられた講師の方がいます。私が説明をして、半分は理解されたようですが、それでも「一般社会には受け入れられない」と抵抗されました。ですからこの場で、なぜ「善」の概念が導入されたのか、その有意義な部分を踏まえておいたほうがよいと思い、あえて問題提起をしました。

人類全体の「持続的発展」について

横山　先ほど「一般社会には……」という話がありましたが、倫理学を教えているある教員の方から「善の価値を、いのちの存続や人類全体の『持続的発展』と関連づけている点は分かりやすい」という意見がありました。「いのちの存続」にもかかわることですが、『概論』は人類全体の「持続的発展」について述べていることも一つの特徴になっています。

大野　私もこの「持続的発展」という概念が出てきたことには、大きな意味があると思っています。つまり、これまでの「発展」は今生きている人たちが幸せであればいいというものでした。現在の民主主義の中では、今生きている人の利益が優先され、将来の人たちのことは後回しにされます。しかし、この「持続的発展」は、将来の人たちのことも考えようという未来世代への責任も含んでいます。モラロジーの考え方にある「子孫繁栄」を現代的に言い直したものが、「持続的発展」だと思います。ここに自分の直系の子孫だけでなく、もっと広く、その社会全体をいかに維持していくかという視点が出てきました。今生きている人の横のつながりだけでなく、縦のつながりという考え方が社会的に出てきたのが「持続的発展」と考え、私は積極的に評価しています。

田中　モラロジーの累代教育という考え方にもつながりますね。

大野　そうですね、確かにつながります。これまでの倫理道徳には、「代を重ねて」という発想はあまりなかったと思います。幸福論を考える際にも、その発想はありませんでした。

山田　でも、先進諸国は少子化が進んでいるから、危機に瀕《ひん》していますね。自分たちの代で家が終わりになるかもしれないといって、悩んでおられる方は多いようです。いのちはつながっているかもしれませんが、墓や苗字を継ぐことが非常にむずかしくなってきています。この問題については、『概論』の「実践編」の第八章「伝統報恩」でまた話し合いましょう。

道徳における大きな価値「安心」

大野　少し脱線しますが、日本の財政赤字は、子供たちの世代に借金を残して問題を先送りにするという、まさに「後のことは考えないよ」という発想です。これでほんとうによいのだろうかと思います。

この問題は、まさに「伝統の原理」の議論につながっていくところです。

山田　発展途上国からの異議も、その点

を指摘したものです。これまで先進国は二酸化炭素をさんざん排出して、今、途上国が二酸化炭素の排出を制限されるというのは不公平であると言っています。それも一理あるのですが、地球全体のことを考えるとやはり制限しなければいけないでしょう。

田中　『概論』の五ページから六ページにかけて、『倫理道徳の個人生活上の役割」という小見出しがあり、「たがいの幸せを願う心や思いやりの心をもって交わるとき、たがいの心はつながり、喜びや楽しさ、明るさや和やかさが生まれてきます」と書かれています。道徳があるから楽しく生きていけるという側面に注目しないと、道徳は堅苦しい勉強だけで終わってしまいます。家庭内、夫婦の間、親子の間で、ことさら道徳という言葉は使わないかもしれませんが、おたがいを思い合うことがあるからこそ楽しく生きていけるのです。つまり、「善きもの」が生まれてくるのです。

次の「安心と秩序の根源」という節では、社会の道徳が希薄になったり、それが壊れてしまったりしたとき、安心と秩序は壊れることを指摘しています。ですから、道徳を学ぶことはとても大きなことで、人類の生活の根底でその活動を道徳が支えている、と理解してもらえればありがたいと思うのです。

横山　『概論』では、「私たちは、過去世代、現在世代、そして未来世代という三世

横山守男（よこやま　もりお）
モラロジー研究所出版部長・社会教育講師。広報室長・秘書室長・道徳科学研究センター教材開発室長等を歴任。

代を連続して生きる生命体」であるとして、「この世代間の生命リレーがつながってい くようにと願って、善となる資源をバトンタッチし続けます」（一三～一四ページ）と述べています。そして、このことは「歴史という時間軸での、また人類世界という空間軸での相互依存・相互扶助のネットワークです」（一四ページ）としています。自然や他者とのかかわりなしに人生を全うできる人はいないという事実があり、この相互依存・相互扶助のネットワークを身近に意識することが、生きる出発点でもあるわけですね。

北川　相互依存・相互扶助というと、私どもは横のつながりをイメージしますが、「歴史という時間軸」と「生態系や社会との空間軸」での相互依存・相互扶助という縦と横のつながりの視点を出したことはとてもよかったと思います。

横山　そうですね。このあたりが「実践編」にもつながっていくわけです。このとらえ方は、山田講師は講義でどのように展開されていますか。

山田　はい、やはり倫理道徳は「安心と

秩序の根源」であるということを押さえておくと、あとは説明しやすくなります。『概論』では、全編にわたって「安心」という言葉が多く使われています。人生に対する意味づけも、いかに自分が安心できるのかという視点です。幸福よりも安心のほうの度合が高いのではないかと思います。

田中　それはまさにモラロジーの一つの真骨頂であって、よいと思うだけでなく、心から安心することが大事なところです。親孝行も結局、親に安心を与えることですから。

山田　その意味では、道徳は、「安心」がいちばんの価値でしょう。いのちがいちばんの根源でしょうが、そのいのちが安心して暮らせるのは安心な社会があるからです。私たちは自分の安心を求めていますが、それは周りの秩序があってこそ得られるのですから、たいへん大事なところだと思います。

田中　私はよく飛行機や新幹線に乗りますが、〝こんな危険な乗り物によく乗っていられるなあ〟と思うことがあります。飛行機の場合、時に不幸にして事故がありますが、パイロットだけでなく、機体を整備する人がいい加減なことをしていれば、もう怖くて乗れなくなるわけです。最高道徳と普通道徳の違いは別にして、道徳なくして安心な生活はあり得ないのです。この点を多くの方に気づいてもらいたいですね。

山田　それは訴える力になりますね。

横山　道徳は、安心で生きがいのある個人の人生、平和で発展的な社会を実現するために不可欠のものであるわけですね。

受け身から「相互依存・相互扶助」へ

大野　相互依存と相互扶助は、たいへん意味のあることとです。「いのちに最大の価値がある」と言ったとき、自分のいのちや生き方が大切ということは、直観的にだれもが分かることとです。ところが、いのちは個人的なものという考えに陥る危険性があるのです。一般的には、自分のいのちが最も大切であるという受け取り方をする人が多いようです。それが相互依存・相互扶助という考え方を入れることによって、自分のいのちが他の人のいのちともつながっているのだという認識になります。あるいは社会全体の中のいのち、さらにもっと大きく人類全体の中のいのちにつながっていくというキーワードになるような気がします。

先ほど、北川講師が述べられた、そのいのちは今生きている人だけでなく、過去から未来につながっているということ。そのことが『概論』の相互依存・相互扶助のネットワークの意味になるのだろうと思います。

山田　以前からモラロジー教育の現場では、「生かされて生きる」とか、「生かされている」という気づきが大切だと言ってきました。それについて、各々の講師からいろいろな事例を用いた説明がなされてきました。相互依存・相互扶助として説かれると、まさに生物学的にも地球的にも社会学的にも歴史的にも、あらゆるものはまさに「生かされている」という概念が、より明確になります。これまでは、ややもすると「生かされている」という漠とした説明だけでしたから。

北川　「生かされている」だけでは受け身なのです。相互依存・相互扶助には、こちらからも働きかけているという能動的な意味が含まれています。

山田　そうですね。「生かされている」は受け身に聞こえますが、相互依存には、おたがいが生かされつつ、生かしつつという意味があります。

横山　そのような理由から「ネットワーク」という言葉を使ったことに意味がありますね。以前、永安幸正教授が「重々《じゅうじゅう》無《む》尽《じん》（あらゆる事物・事象はたがいに関係をもって影響し合って存在している）」ということをよく話されていました。目に見える関係はもちろんですが、いのちをはじめ、思いや願い、祈りなど、見えないものであってもつながっているという意識ですね。

山田　それも一つの「安心」をもたらす考え方ですね。縦横のネットワークの中で自分が生きているという。また、自分もそれなりの役割を果たしている。自分が何者であるか分からない、何をしていいのか分からない、ということではなく、いのちのあるものには責任があるとはっきりと言えます。

大野　それが幸福のとらえ方につながっていくと思います。自分のつながりは切れていないという感覚ですね。

山田　それがいちばんの安心です。これまでも「根につながる生き方」と言ってきたことと同じです。

横山　この章末に「相互依存・相互扶助のネットワークの中に生活しているという意識をもつ必要性」や「幸福に至るには私たち個人の自助努力が不可欠で、みずからの与えられた境遇や能力を生かしきること」を示し、「個々人の生活や運命を切り開いていくものは精神の力です」と強調しています。そして「私たちにとって大切な善、すなわち人類の生存、発達、安心、平和、幸福を実現する道について考えてみましょう」として第二章以降の内容につながっていくわけですね。

注①　環境と開発に関する国際連合会議

一九九二年にブラジルのリオ・デ・ジャネイロで開催された、環境と開発をテーマとした国際会議。この会議は、一般には地球サミットと呼ばれている。

②　**私的な善**

自分個人の生存・発達・幸福の実現を自ら保障し、支えること。また、そのための力、能力、物財。すなわち、個人の健康や能力、家庭生活、社会生活における良好な状態等のこと。

③　**公共の善**

個人のための善（私的な善）に対して、個人を含めた社会全体のための善をいう。公共のためになす善で、個人や集団、組織に対して、その生存・維持・発展を共通に保障、援助することであり、その目的を果たすために具体的な役割を担うものが公共財（public goods）である。

第二章　幸福をもたらす根本

「なんで生きているの？」という問い

横山　第二章は「幸福をもたらす根本」というテーマで、主に「人間が生きるうえで中心になっている品性が、人類の存続や幸福とどのように関係しているか」について考える章でもあります。

山田　この章での新しい言葉は、「人生の意味の探求」ですね。これは、「生かされて生きる」の新しい言い方、表現ではないでしょうか。

北川　そうですね。これまでは一つの方法、つまり、法則に従って生きることによって、幸福な人生を送れるということが中心的なテーマだったと思います。科学思想が大きな力をもって影響を与え、説得するときの大きな材料になっていました。ところが、人生にはいろいろなことが起こって、一見、法則どおりにはいかないことが出てきます。

思いどおりにいかない問題がいろいろ起こるけれども、その一つ一つの事柄に意味を見いだしていくところに、生きる喜びや生きがいがあるということが、今日的な生き方のテーマになってきているようです。生きるテーマが変わってきているというよりも、人生の意味づけが変わってきているのです。そのような意味で、まさに時宜にかなった問題へのアプローチと言えます。

山田　そうですね。今、交通事故や不慮の事故で亡くなる方もあるのですが、自死というか、生きる意味を見失って死を選ばれる方も多く、これは先進国病の一つなのかもしれません。

大野　そのような方は、日本で毎年、約三万人です。

山田　交通事故死よりもはるかに多い数字です。小学生でも自殺を考えるような現状です。人生に意味が見いだせないのです。

私は講座やセミナーでお話をすることですが、漫画の主題歌「アンパンマンのマーチ」の詩の中にも、「なんのために生まれて　なにをして生きるのか」という歌詞があるのです。幼児や子供たちが歌っている中にあるのです。子供は分かっていないと思いますが、原作者のやなせたかしさんは、「自分の弟の死に直面して考えるようになった」と言っています。

今、カウンセリングの現場でも多くの相談に、「なんのために生きているのか」「なんのために結婚するのだろうか」「なんのために仕事するのだろうか」という悩みをよく受けるそうですよ。人々の多くがさまざまな場面で限界を感じていて、生きる意味を見失いかけています。「いかに生きるのか」という倫理道徳の話ではなく、人々の心の中に「なんで生きているの？」という根源的な問いが始まっています。これは新しい傾向です。

人生は「品性完成」にある

田中　ここで一つ確認しておきたいと思います。モラロジーを学ぶ人たちは、「生きるということは金儲けではない、品性を完成していくことだ」と教わっています。特に、モラロジーを勉強されていた初代世代は、それを聞いて目から鱗が落ちるような気づきを得て、生きる意味を教わりました。あるいは自分でも発見しました。生きる意欲が湧いてきて、納得してモラロジーを熱心に勉強されたのです。ですから、「人生に意味を求める」ということは急に新しいことを言い出したのではなく、実はモラロジーの教育論の中に、すでにあるのです。

品性向上なんかはどうでもいいと思っていれば、モラロジーの学習も進みようがないわけで、人生の根底の意味づけが「品性の完成にある」と納得し、生きる力のエネルギーをそれに向けてみようとすることは、大きな意味づけです。

もう一つ、本来、人間は潜在的に意味を

求める存在です。貧しい時代は物を獲得することに力を傾けます。それは自分の生存のためであり、豊かな生活の実現のためという意味づけがあったわけです。昔はまず生きることが大切でした。人は自分の生存に不安がなくなったとき、別の意味を探さなければなりません。それが現代の、特に先進国の中では、これまでのような形では得られないので、新しい意味づけをしなければならなくなっているということでしょう。

山田　昔は食べることだけで精いっぱいだったということですね。

田中　意味づけがあったからこそ、なんでも頑張ったわけです。自動車、洗濯機、カラーテレビが手に入ればうれしかったのです。そのことで生きる意味を味わったのです。ですから、昔だってみんな意味に生きていたのです。単に物で生きてきたわけではないのです。

「貧しい開発途上国に行くと、子供の目がいきいきしている」とよく言われます。それは、彼らが日々、頑張らなければならない暮らしの中で生きているからです。意味を考えていないわけではないのです。彼らにも意味づけはあるのです。

現代社会に生きる人たちは、その意味を与えられなくなった、あるいは発見しにくくなったので、迷っているのだと思います。

「生きる価値」を自分で付与する

大野　生きるのが精いっぱいだった時代は、「何のために生きるのか」と考える前に、その中に意味がもう含まれていたのだということですね。おそらく、社会が豊かになったから「生きる意味」が見つけられないのだろうと思います。

今も経済状況が厳しく、生活が大変な方はもちろんいらっしゃいます。しかし、廣池千九郎博士の存命中や戦前に比べると、経済的に生きていくだけで精いっぱいという方は少数です。当時と比べると、今は格段に状況が変わってきています。その中でどうするのかということです。

そうした意味で、幸福とも関係していると思うのですが、健康長命・開運・子孫繁栄という従来の幸福観だけでいいのだろうかという問いをしなければなりません。むろん今でも健康や長命はよいことです。豊かになることも悪くないと思います。しかし、生きること一つ取ってみても、昔に比べれば、格段に長生きになったわけです。その中で、単に寿命が延びたというだけではなく、どういう生き方をするのかということが問われている時代だろうと思います。健康は必要ですが、健康な状態で何をするのかということです。

田中　意味の面から見ると、健康に恵まれていないから駄目ということではありません。健康でピンピンしている人のほうが生きがいを見失っていて、むしろ大きな障害を負っていたり、大きな病気をされている人のほうが生きる意味を発見しているかもしれません。従来の幸福観だけでは表現がむずかしくなりました。

北川　価値が相対化した時代と言われているわけですが、社会変動が緩やかで、多くの人が共通の価値基準を共有していたころは、共通の客観的な価値基準に従って生きることが幸せな生き方だとされたわけです。今はその基準となるものが揺らいでいるので、その揺らぎの中で、自分自身の生き方や価値を自分で付与しながら生きていかなくてはなりません。この後に出てくる「人生のストーリー（物語）」はそれを打ち出したものです。

もちろん普遍的で客観的な基準をすべて否定するのではなくて、揺らぎの中でどうやって生きていくのかを自分自身で探究し、物語をつくり出し、生きていかなければなりません。そして、たがいにそれぞれの意味を重ね合わせて、対応しながら、生きていくことが必要になってきているのではないでしょうか。それが時代の要請ではないでしょうか。

大野　今、言われたストーリーとは、その時代にあるロールモデル（role model）〈お手本〉として、このような生き方を多くの人がめざすということだったと思います。たぶん廣池千九郎博士にも、身を立てて世に出ていくという明治の立身出世のモデルがあって、それを学問の世界で実現しようとされたのだと思います。ただ、その前半生で達成するという、まさにそのときに病気という大きな苦難に直面し、その目的に疑問を抱いたことで、モラロジーを創建されました。

戦後の場合、経済的に豊かになり、真面目に働けば給料が増えて、家を建てて、家族をもつということが一つのストーリーとして描けたと思います。それが今、簡単には描けなくなっています。ある程度の豊かさはあるのですが、空虚感と言ったらよいのでしょうか、そのようなものが漂っています。自分自身で意味づけをしなければならない時代になってきたようです。

働く意味が見つけにくい時代

田中　逆に言うと、働く意味をきちんと見つけられないと、やっていけない時代でしょうか。

山田　今、気がかりなのは、ニートと呼ばれる、就学や働く気がない青年です。アルバイトでも何でも食いつなぐということできるのですが、働く気が全くない人は懸念されますね。

意味づけを自分で与えられないことは、

どういう病理現象なのか分かりませんが、親や周りが与えてやらないといけないのでしょうか。

田中　戦前には、働くのは、お国のため、世のため、人のためという意味づけを学ぶことができました。しかし、戦後世代では、働く意味を自分で見つけるほかないようです。自分で見つけるものだということを訓練されていないのです。

働くことの意味を理想的に言えば、働くことによって他の人が便宜や利益を得たり、安心してもらえたり、幸せな気持ちになってもらうために、自分の心身を使ってすることです。昔も今も基本的には労働はそうなのです。ところが、現代、ある人にとっては、自分が楽しくないと働く意味がないのです。人間関係がつまらない職場だったりすると、自分が楽しくないのです。自分が楽しいか楽しくないかで選択すると、いつまでも働く意味など見つからないのです。

働く意味の教育をほんとうは学校でしなければいけないのです。それぞれの適性に合うことは当然必要でしょうが、楽しいという基準だけで仕事を見つけることは無理です。

横山　『ニューモラル』誌（モラロジー研究所刊）において以前は「職場での人間関係」や「働く喜び」等を特集テーマにしたものが広く読まれましたが、今では「なぜ働かなければならないのか」という「働く意味」そのものが問われていると思います。

内閣府が平成二十四年六月にインターネットで公開した二十四年版「子ども・若者白書」（平成二十三年十二月〜翌年一月、全国の十五歳〜二十九歳の三千名にインターネット上で調査）によると、「働くことに関して、どのようなことが不安か」について、「不安」（「とても不安」と「どちらかといえば不安」の合計）の割合が最も高かったのは「十分な収入が得られるか」で八二・九パーセント。次いで、「老後の年金はどうなるか」が八一・五パーセント、「きちんと仕事ができるか」が八〇・七パーセントと続き、若者の多くは、昨今の厳しい経済状況の中で、収入面や老後の年金、景気動向といった経済面に強い不安を感じ、勤労による達成感や喜び、生きがい等を得ることが少なくなっているという傾向が出ています。

北川　平成十八年の教育基本法の改正の際、「職業及び生活との関連を重視し、勤労を重んずる態度を養うこと」という項目が新しく入りました。それからキャリア教育の重要性が強調されています。そういう流れの中で出てきたことなのでしょうか。

大野　先ほどの若者たちの例だと、今はとりあえずアルバイトでなんとか食いつないで生きていくことは十分にできるけれども、その先を見たときに対する不安感というのはたぶんもっていると思います。もう一つ大切なのは、自分一人が大丈夫だけじゃなくて、社会全体が大丈夫かという不安感も多くの人がもっていると思います。それが大きいと思います。

それは安心にも関係するのですが、現状にそれほどの不満はないけれども、未来においても安心を保障できるのかというところだと思います。たぶん、今の社会は先々まで大丈夫という確信がもてない時代です。

そこでモラロジーでは、自分を成長させる、あるいは品性を完成させていくことによって、正しい道を歩んでいるという安心を得る一つの方法論として重要な意味をもちます。幸福かどうかということと同時に、長いスパンで考えると子供たちの将来も大丈夫だろうかという視点も必要だろうと思います。

人生のストーリーの確認

横山　この第二章では、「人生の意味の探究」を組み入れて、だれもが価値ある人生を築いていく方法について具体的に述べられています。しかし、実際にこのことについて展開するとき、人生の意味を実現しなければならないということを強制できない面がありますね。したがって、おのずと「人生の意味」についての気づきを得ていただくような展開が必要だと思います。

田中　そうですね。廣池幹堂理事長がよ

く「志」という言葉を使われますが、志をもった人はやはり強いです。自分の生きる意味を見つけた人ですから、とてもエネルギッシュです。

自分の生きる意味が分からなくて悩んでいる人は若い人に多いように感じますが、こういう人はかわいそうですね。力はあるのですが、エネルギーをどこに向けたらいいのか見つけられないのです。ただ困った人というだけにはすまされません。志が見つけにくい時代ですから、力になってあげたい気がします。彼らだって、ほんとうに志を立てたら、絶対に頑張れるのですよ。これは品性にもつながりますが、もてる力を十分に発揮できないことは、とてももったいないことです。

横山　そうですね。まず志を見いだすことが大切でしょうね。この「人生の意味の探究」という項に「人生のストーリー（物語）」のことが述べられています。この言葉については、どのように説明されていますか。

山田　それは人生の意味、つまり、自分で自分の生きた意味を見つけることです。その意味合いを、自分なりに集大成していくことです。自分の人生はいい人生だったか……という。

横山　だった……ということだけでしょうか。

山田　そうでしょう。内村鑑三の「後世

への最大遺物」です。私たちは財産も能力も何も残せないけど、その生きざま、高尚なる生き方を残すことはできる。まさに自分の生きざまを残すことでしょうね。

大野　麗澤大学の水野治太郎名誉教授が、人生のストーリーを語ることによって新しい気づきが得られる、そのようなことを言っておられたと思います。自分で、自分の人生をストーリーづけることで、今まで気がついていなかったことに気づくようです。

山田　それはどの年代でもできるのでしょうか。

大野　はい。どの年代でも可能です。たとえば、若者が忘れてしまっていた子供のころを思い返して、親にしてもらったことの意味を変えることによって、親に対する考えも変わることがあります。

山田　次の飛躍台、きっかけになるということでしょうか。

横山　それは、よく分かります。講座を受講されている方に体験や感想についての発表をお願いすると、その原稿を作成することが、自分自身のこれまでの生き方や考え方を振り返る貴重な機会になるわけです。私がモラロジーを学び始めたころのことですが、センター講座を受講し、そこで感想発表の機会を与えられたことがあります。発表の前夜にその原稿を書くわけですが、そのとき、親に対する思いや自分の生き方を振り返り、それまでの人生のストーリーを確認し、新たな気づきを得ることができました。

田中　語るとか、思い出すということは、人生と自分とをもう一度つなぎ合わせる作業です。

不幸とは何かと言うと、人生と自分とが離れ、自分の思い望まない人生だけが流れて、自分はそれに対してかかわりも責任ももてないでいる状況です。ですから、病気だから不幸、お金がないから不幸ではなくて、自分の人生を自分のものとして受けとめられないときに人は不幸を経験するのです。人間は語ることによって、それが悲惨な人生であっても、「ああ、自分はこんな苦労をしてきたんだ、こんなに頑張ってきたんだ」という形で、もう一度、人生と接点をもつと元気になるのです。人生と自分が乖離《かいり》すると、どのような状況でも不幸な気分になるのです。

人間を考える新しい枠組み

山田　私は、「人生の意味の探究」が第二章のおもしろいところと思っていましたが、少し不満があります。二四ページからの「人間の力をつくるもの」には、人間の基本的な力を構成するものとして、「遺伝子」「知識と情報」「倫理道徳」の三つしかありません。前節の「人生の意味の探究」

での、ネットワークの中に自分の生きがいや生きる意味を見つけて、それが人生を開拓していく力になるという要点の押さえをどこでするのでしょうか。生きがいや生きる意味を三つから関連づけて展開できるでしょうか。前節とのつながりが悪いと思ってお伺いします。

大野　たぶん、人生を開拓していく力は倫理道徳の領域に入ると思うのですが……。

北川　二七ページの「生きる価値を生むもの」で転換があると思います。挫折や不幸、困難を経験しながら、それを意味あるものとして統一的に理解していくための、独自の考え方、思想、価値体系をつむぎ出していかないといけないと思います。

大野　これまでの説明では、個人を成り立たせている四つの条件として、自然の環境、社会的・文化的環境、遺伝と家庭環境、人間各自の精神作用と行為（『概説』三一ページ）として、先天的と後天的なものがあるとされてきました。『概論』では、遺伝子、知識と情報、倫理道徳があるとしています。遺伝子が入ってきたことによって分かりにくくなってきています。山田講師が言われたいことは、遺伝子と何か、そして、精神作用と行為の関係はどうなっているのかということでしょうか。

山田　そうです。行為についてです。

大野　行為については、従来の「精神作用と行為の改善」という枠組みの説明が比較的分かりやすかったと思います。枠組みが変わったということでしょうか。

田中　『概説』の枠組みや流れをそのままにして、今度の『概論』を読むと混乱することになります。ここは行為の改善を扱ったところではありません。ここでは、「遺伝子」「知識と情報」「倫理道徳」と挙がっていますが、それは私たちが、どんな力を使って生きているかを説明したものです。それは、また同時代人と、あるいは過去からの遺産を受けて私たちは生きていることでもあるのです。また、ネットワークの説明にもなっています。そうした人間が生きる現実を理解したあとで、まず第二章では「品性」を強調したいところです。

横山　第二章では、「生きる欲求と人生の意味づくり」「人間力の要素と品性のはたらき」「人生段階と品性の向上」について順を追って展開し、人間の精神・品性が、人類の存続や幸福とどのように関係しているかについて考えられるようになっています。

山田　要するに、第二章の新しい枠組みの一つは、人生の意味を見いだそうという提唱があります。そのために人間の力が必要とされるのです。従来の『概説』などの説明では、人間の力をつくるものは、先天的環境と後天的環境としています。遺伝子は生物学的なもので、先天的です。自然、社会、知識は社会的環境です。その次に倫理道徳を入れるのは何か変ではないだろうかという意味です。倫理道徳は「生きる価値を生むもの」という肯定的な意味づけをされていますから、従来の枠組みと少し違うのです。少し理解を変えなければいけないのです。

私は講師の研修を担当していますから、従来の「人生を形づくっている要因」という枠組みで考えると、ここが確認しにくいのです。基礎講座を受講した人が概論講座を受講すると、ここで枠組みを変えなくてはいけないのです。この部分を深く読み込んで、解釈しないといけないようですから、あえて話題にしました。

「品性」をどうとらえるか

横山　次に「品性」について考えたいと思います。二八ページからの「品性」の項では「善を生む根本」というサブタイトルが付いていて、「善」と関連づけて説明しているわけです。この品性のとらえ方についてはいかがでしょうか。

山田　ここは『概論』ができる前から、質問を繰り返していたところです。品性の定義が今までと違うのです。このようなダイナミックなとらえ方は初めてです。これまで品性は、聖人君子のようにある種完成された静止状態のものとしてとらえられていました。「精神の中心で作用している特別な働きがあります」（二八ページ）という力動的なものに変わりました。この説明が大きなところです。

田中　経営関係の『品性資本の経営』（モラロジー研究所品性資本定量化開発室編）では、もうすでに同じような考え方をしていますよね。

大野　はい、そうですね。

横山　『品性資本の経営』では、「品性の力」は「つくる力（創造力・革新力）」「つながる力（人間関係力）」「もちこたえる力（持続力・永続力）」の三方面に表れるとし、その根本に「もとになる力（共通力・基礎力）」が存在する、としています。

北川　昔から物事を見る際、「体（たい）」の側面から見るのと、「用（よう）」の側面から見る二つの側面があります。「体」は実体です。そのものの実体は何かということです。「用」はそのものの働きは何かというとらえ方です。これまで、「体」という視点で品性を定義づけていました。

山田　静止的な状態でのとらえ方ですね。

北川　今回の『概論』では、「用」という視点で定義したのだと思います。ですから、品性の定義が変わったのではなく、品性の実体をその働きの面からとらえたと考えればいいと思います。

山田　品性の説明がよりダイナミックに

なり、広がったのですね。先ほどの「善と幸福の関係」と同じように、品性のとらえ方がダイナミックになったことです。これがやはり売りなのですね。

横山　そうですね。精神の中心で作用している品性の働きが見えるように表現されていますから、そういう面から説明すると、イメージしやすいと思います。北川講師は『品性は生きる力』（生涯学習ブックレット、モラロジー研究所刊）を出版されていますが、この品性の働きについてはいかがでしょうか。

北川　品性の「体」としての説明は、どのような仕方をされても、「ああ、そういうものか」という程度になってしまいます。外から見た場合、品性が高いのか低いのか分かりません。しかし、働きの面からとらえると、自分自身に人と「つながる力」や困難に遭っても「もちこたえる力」が出てきたら、品性が少し高まったということが自分でも分かるわけです。

山田　それはいわば「心とは何ですか」という質問に対して、どれだけ説明されても分からないようなものです。しかし、心の働きは、いろいろな動きがありますから認識しやすいのです。

田中　北川講師が言われたように、品性というのは、分かっているようで、結局、分からないのです。しかし、具体的な生活の中で、品性がホルモンのようなものを出すわけではないのですが、よりよく生きるための力を発揮します。テキストでは三〇ページに、「よりよく生きるための力」を三つに分けて書いてあります。この力が出るということは、私たちも生活や人生上で実感があります。

廣池千九郎博士自身の生涯を見ても、決して健康とは言えないような状況の中で、あのような頑張りをされた。私だったら毎日、薬を飲んでゴロゴロと寝て終わってしまうでしょう。これは、やはり品性の力だろうと思うのです。そのようなことから、品性が高まるとどうなるのだろうかと具体的にイメージできるのです。

よりよく生きるための力

北川　なぜ「つくる力」「つながる力」「もちこたえる力」なのかということは、いろいろ議論するとむずかしいですね。

田中　ここでは「よりよく生きるための力」を、この三つの力から説明してあります。それに限るというわけでもないと思いますが……。

大野　企業経営から見ると、「つくる・つながる・もちこたえる」は、表に出てくる力なのです。それらのまさに根っこにある部分、つまり表面に出てきているものだけでは把握できないものがあるのです。

『品性資本の経営』に向けて議論する中で、私がそれを「もとになる力」と言った記憶があります。たとえば、企業行動を評価するとき、「つくる・つながる・もちこたえる」だけだと、その肝心の力を生みだすものが、抜ける可能性があるのです。企業ならば、いわゆる倫理性をなくして、「つくる・つながる・もちこたえる」の力を一時的に保持することは可能なのですが、ほんとうはその根っこにあるものが、企業の倫理性なのです。企業の評価基準を考えるとき、「つくる・つながる・もちこたえる」に入らない部分が確かにあると思います。それが「もとになる力」、つまり「誠実」に経営することです。

山田　まさにそれが品性ではないですか。品性の表れが「つくる・つながる・もちこたえる」につながるのでしょう。

大野　そうですね。企業の場合、評価することは容易なのでしょう。しかし、個人の品性については評価しにくいですね。

北川　下程（勇吉）人間学[1]では、「つながる力」と「もちこたえる力」の二つです。人間は、人とのかかわりにおける共感性から「つながる力」が生まれ、自分自身とのかかわりにおける、アイデンティティー（自分の存在意義）から「もちこたえる力」ができます。この二つは密接に関連して、「もちこたえる力」ができないと、人とのつながりはできません。また人とのつながる努力を通して、初めて「もちこたえる力」ができるのです。その二つが発達していくにしたがって、「つくる力」になっていくのです。

「つくる力」については、下程先生は述べていません。なぜ「つくる力」なのかと考えると、二つの力をベースにして、クリエイティブ（創造的）な働きになっていくのではないかと思います。永安教授の考え方の基本には、やはり下程人間学があると思います。そして、「対自」「対他」から、社会科学者として「つくる力」を提案されたのでしょうか。

大野　「つくる力」は経済学を学んでいた永安教授の考え方です。これは推測ですが、経済学から社会を意識したとき、「もちこたえる力」は自分に対して、「つながる力」が比較的近くの周囲の人たちに対してです。そして、何か新しい価値を社会に提供していくことが「つくる力」ではないかという気がしています。

「苦悩」にも「意味」がある

北川　『概説』をつくる際にも議論になったことがあり、私自身、それ以来、全く進歩していないのですが、品性完成のモデルを、品性の階段を上がっていくようなイメージで考えた場合、階段をそれるのは駄目であるという教育論になってしまいます。生きる力としての品性は、足を踏みはずしたら駄目ではなく、それを「生きる力」に変えていくというモデル、自己の責任で「人生を切り拓いていく」という視点から展開できるのではないかと思います。

山田　それは、先ほどの「人生の意味」を見いだす、見つけることと同じですね。すべてが自分の糧になると。どのような病気になろうが、経営に失敗しようが、後戻りするような人生の中でも、そこに意味を見つけて飛躍し、さらに力になるという意味ですね。

北川　そうです。マイナス経験でさえも、それを力にしていくということです。

大野　それが『概論』の特徴の一つで、「苦悩の意味の変容」です。

山田　それが前章につながってくるのだと思います。

大野　廣池千九郎博士の格言「苦悶の中に自暴自棄せず」に展開していきますね。

山田　「自ら運命の責めを負うて感謝す」もそうです。

大野　これは水野治太郎教授の「ケア」[②]にもかかわるのですが、モラロジーを学ぶ人の中には、一つの幸福論があるとそれに当てはまらない人は、失敗の人生と思い込んでしまう傾向があるのです。たとえば、病気になると病気であることを隠すような風潮があるようです。先ほどの議論では、病気になったとしても、その意味を求めることが可能になるのです。

田中　そうですね。たとえば、企業を倒産させても、それは確かに企業にとっては大きな挫折ですが、その人が駄目ということではないのです。山あり谷ありの人生をどのように乗り越えるかが問題になるのです。そうなれば、「モラロジーを学んでいるのになぜ企業を倒産させたのだ」という話にはならないでしょう。

北川　失敗や苦悩を乗り越えると、「もちこたえる力」ができるでしょう。さらに、失敗や苦悩を介して人の痛みや苦しみを共感的に理解できるようになり、「つながる力」もできることでしょうしね。

大野　そのような意味からいうと、一つの幸福というパターンだけでなく、広く意味を求めるという人生論になりますよね。健康で長命であるというように、幸福のパターンを単純に決めてしまうと、不幸な人が多いということになりかねません。まず病気にならない人はいないわけですから。

田中　多くの人間は、人生の最後の段階は病気になって死んでいくのですよ。

山田　従来の幸福の定義から見ると、それは不幸ということになりますね。それも変ですね。

神から与えられた「叡智」

横山　この品性に関して、「(品性とは)

その実質は『叡智』と呼んでよいものです」（二九ページ）についても時おり質問があります。基礎講座用のテキスト『自他を生かす道』でも、「道徳性は、正しい善悪の判断基準にもとづいて、人間の知・情・意を統合する叡智であり、『品性』とも呼ばれます」（同書三〇ページ）と述べられています。この「叡智」は辞書等では「深遠な道理をさとりうるすぐれた才知」（『広辞苑』第六版）としてありますが、皆さんはどのように説明されていますか。

山田　その叡智というのは、生き抜く力のための知恵です。マイナス経験をいかにプラスに変えられるかという配慮、あるいは考慮です。それがまさに叡智です。マイナス要因は駄目と決めつけるのではなく、どのようなものにも意味があると、意味をつくり直す、創造していくわけです。まさにそれが叡智の働きではないですか。自分や物事を生かしていくことだから、叡智でなく英知でもいいのかもしれないと思っていますが……。

大野　この場合の叡智は、表記の後ろに神があって、「神からつながっている知恵」ということではないかと思います。人間レベルの「知」ではなく、高次元の精神であるという意味を含ませているのでしょう。

山田　病気や不幸に遭ったとき、「神様はきっとその人を選んで体験させるのだから、神様はその人に耐えられない不幸を与えない」という箴言《しんげん》がありますが、これは意味の取り直しではないでしょうか。神が差し向けた苦労という愛のとらえ方です。これは一つの知恵だと思います。

大野　それは、コインの刻みの話ですね。英語の品性（キャラクター）の語源はギリシャ語で「コインに刻む」という意味がありました。後にキリスト教において、神が自らの似た姿として人間をつくったということを表す言葉として使われました。つまり、「天爵」という言葉につながる考え方です。神の知恵が人間に与えられているもの、それが品性ということです。人間のいちばんの根っこのところにあるという感じでしょうか。

北川　つまり、神性や仏性のことですね。「人心これ危うく、道心これ微《かす》かなり」（『尚書《しょうしょ》』大禹謨《だいうぼ》篇）という言葉があります。これは人間には利己心と道徳心があるという二元論的なとらえ方をする場合が多いのですが、これについて『中庸』を読んでみると、人間は天性として道心を与えられているという考え方です。人間は肉体の欲をもっているから、それが利己的化して人心になるという。人心が本来の道心に立ち戻るよう、われわれは聖人に学ばなければいけないという論理であり、それは単純な二元論ではないことを感じます。

山田　道心とか善種、仏種とも言われます。善い種をわれわれはもらっているのだけれども、使い方を間違ったり、曇らせたりしているっていうことですね。誠があれば発揮できるのに、変に曇らせたり損傷するので悪い心になるのです。

北川　「本然《ほんぜん》の性《せい》」として与えられている種子ですね。

大野　品性の完成は、本来、「全き者」として、あるものを取り戻していくという感じなのでしょうか。完全な姿があるのかどうか分かりませんが、そこへ向かっていくことです。

北川　完全になれるか分かりませんが、本然の性として与えられているものを思い出すということでしょうか。

認知症とどう向き合うか

山田　ここで、あえて問題提起をしたいと思います。人生の段階で高齢期は、「いのちの存続と発展を願って、子孫や次世代の育成という最大の善の活動に最後のエネルギーを集中させることができます」（三六ページ）とあるのですが、私の母は認知症です。これが厄介なのは本人が意識していないことです。病気やけがは、克服するために恩寵《おんちょう》的試練ととらえることができます。しかし、認知症の本人は分からないし、周りが迷惑しているだけです。病気ですが、ほかの病気と違って、治る見込みがないというのか、回復が非常にむずかしいのです。これはどう考えたらいいでしょうか。

本人はある意味では幸せなのかもしれません。何をしているのか分からないのです。周りのひんしゅくを買うような行動も、悪い心でそうしているのではなく、病気なのですから。これはどうしたらいいのでしょうか。今、高齢者の四分の一は認知症だそうで、現代的課題であるにもかかわらず、ここでは全く触れられていません。

田中　認知症は人生のステージの中では特別な病気です。高齢期をどのように生きるのかという課題の中に、認知症への家族の対応を入れることは無理がありますね。同じように重篤な病気にかかっている人への対応も同様です。ですから、山田講師の言われることは別の課題だと思います。

北川　介護の問題ですね。

山田　しかし、今回の『概論』は、「現代的課題に応える」というキャッチフレーズがあります。現代の課題として、「青年が結婚しない」「跡を継ぐ子供がいない」から始まって、介護の問題があります。

大野　認知症になられた本人については何も言えないような気がしますね。

山田　周りの人たちにとっては、ケアやスピリチュアル・ケア[③]の問題になるのでしょうか。しかし、品性の発達論については、この章にしかありませんから、何か説明がほしかったですね。

横山　この『概論』については、読者から「生老病死をはじめとする人間の弱さへの思いやりや幼児・病人・障害者・高齢者等へのケアに努める心づかいもよく表現されていて、励まされる」という声も頂いています。

山田　そうですか。田中講師は、そこまで書けないと言われますが、現代社会では「ケアメン」といって、親や配偶者が認知症になったとき、仕事を辞めて献身的に介護をせざるを得ない男性もいるのです。そういう時代になったのです。高齢者とは、そのようなことを身近に受け入れる年代でもあるのです。まさに老老介護の問題です。

北川　自助ということも出てきますが、自助だけではとても解決できないようです。あるテレビ番組で放映されていましたが、認知症のプロフェッショナルの方がいて二十五年間も格闘しているわけです。認知症にはこう対応したらいいという生易しいマニュアルを提供する番組ではなく、認知症も一人ひとりが違うので、一人ひとりが何を求めているのか、探っていくという内容でした。認知症の人が求めるものに近づくと、その人の顔が穏やかになったり、他の人と一緒にいることができるのです。緊張や不安の状態から、他人と普通の生活ができるような状態にするまで、まさに格闘しているのです。

山田　なんとか相手を変えようとか、なんとかしなければいけないという気張りがかえって相手を苦しめるのですよ。われわれはそのようなものを共感して受け入れる必要があるのです。弱さを受け容れるという一節が入るとよかったと思います。

田中　第九章の「人心の開発救済」で「真に救済された人の品性」のところで、「弱さもよく受容し」と書かれています。

山田　少し先走って話題にしたようですが、今日のように社会全体が持続的発展を求めている時代にあっては、人は平均寿命を延ばすことより、健康寿命をいかに維持していくかということが大事です。今は百歳を超えても、日野原重明さん（一九一一～、聖路加国際病院理事長・同名誉院長）のように元気に活躍されている人もいれば、若年性認知症みたいな人もいます。自分の体が壊れたとき、それをどう受け入れるのかということも大事です。非常にダイナミックにとらえないといけないようです。

注①　下程勇吉（一九〇四～一九九八）

京都大学文学部教授・教育学部長、松蔭女子大学学長、大阪市教育委員長、京都大学名誉教授、財団法人モラロジー研究所研究部顧問、同研究所顧問等を歴任。文学博士。専攻は、教育人間学、日本精神史。著書に『二宮尊徳の人間学的研究』『吉田松陰の人間学的研究』『中江藤樹の人間学的研究』『廣池千九郎の人間学的研究』など多数。

② **ケア**（care）

注意、心配、気がかりなどのほか、現在では、世話、看護、養護、介護、介助の意味で用いられることが多い。ケアについては、一九八〇年代に倫理道徳の考え方が男性中心のものであることへの反省が始まり、次いで末期癌患者などに対する医療と福祉、高齢者への介護と扶助のあり方への反省も加わり、さらに今日ではより広い立場から、相互扶助の視点で考えるところへと拡大している。（参照：水野治太郎『ケアの人間学』ゆみる出版、広井良典『ケア学』医学書院）

③ **スピリチュアル・ケア**（spiritual care）

スピリチュアル（spiritual）とは、精神的（メンタル mental）よりさらに深く、全体的なものとして「霊的な、魂の」を意味する言葉。たとえば、人生の意味や自分の存在意義、自己の運命や死の不条理への問い、それらに関連する魂の不安や希望、安らぎなど「心の深奥」にかかわる概念である。スピリチュアル・ケアとは、そのような人間の心の深部に配慮した介護を指し、人生の意味を見失い、苦悩する相手の「人生の意味の再興（建て直し）」を図る介護。

第三章　道徳共同体をつくる

個人と共同体とのかかわりを考える

横山　それでは、次に第三章「道徳共同体をつくる」に入ります。ここでは「個人と共同体（家族共同体・社会・国家など）とのかかわりについて考察し、共同体の改善に努めることによって私たちの人生も安定し発展することができる」としていて、「公共の善」「ケアの精神」「三方善《さんぽうぜん》（三方善《よ》し）」「言葉がつくる共生の意識」「人生と共同体とのつながり」などについて説いています。

大野　ここは私の専門ともかかわるところです。「共同体（コミュニティ）」ということは『概説』には出てこなかった考え方で、これまで単に「社会」という言い方で済ませてきたと思います。これには、最近の共同体主義という考え方が反映されているのは確かです。テレビで有名になったハーバード大学のマイケル・サンデル教授らの考え方なのですが、昔からあった考え方でもあります。ここでは、個人主義に対抗するものとしての共同体という概念が出てきました。モラロジーに元々あったものをよりはっきりと出したということだと思います。

社会という漠然としたつかまえ方ではなく、家族というのがいちばん小さな共同体があって、それが地域社会に広がり、もっと大きくなると国家になり、それが最終的には人類になるという同心円に私たちは属しているということです。

これは実践原理としてもたいへん分かりやすい、と私は思っています。それぞれの共同体の中で、一人ひとりが役割をもっていて、それと同時に共同体に支えられているということです。要するに、家族に対して私たちは責任をもっていると同時に、家族からいろいろな恩恵を受けています。同じように地域社会でも責任をもっていて恩恵も受けている。国家に対しても同じです。共同体という枠組みを出すことで、分かりやすくなったと思います。

後から出てくる「自助・共助・公助」で、漠然とした社会という枠組みではなく、それぞれの共同体の中で、自分でやっていくことと支えられていることが見えやすくなったと思いますね。

横山　そうですね。社会生活を広い目で見ています。最高道徳の格言に「深く親近を愛して力を社会に尽くす」とあるように、まず親に安心と満足を与え、円満な家庭を築くとともに、多くの人たちの幸せを願い、社会秩序の確立と平和の実現に向かって努力することは、道徳実践上の基本となることでしょう。さらに、「国家共同体が受けもつという三つの種類の扶助（自助・共助・公助）が必ず存在し、それぞれが調和することによって住みやすく安心な社会がつくられる」として、「自助・共助・公助」という面からも道徳を発揮していく必要性を説いていますね。

北川　道徳の実践は基本的には自助努力です。しかし、それだけでは解決できない問題もあるということです。やはりボランティアグループや地域社会の人たちの協力による共助が必要です。それから国家社会が提供するセイフティーネット（万一の事態に備える社会的な措置や仕組み）という公助によらなければ解決できない問題もあるわけです。このような視点が出てきたことは、モラロジー教育活動の社会性という点でも、たいへんよい話題提供、よい視点を出していただいたと思います。

地域社会に貢献することも道徳

山田　大野講師やモラロジー研究所の先代所長の廣池千太郎《ひろいけせんたろう》先生のように社会学を学んできた人なら、すんなりと理解できてなんの問題もないけれども、これまでは「修身斉家治国平天下（天下を治めるには、まず自分の身を修め、次に家をととのえ、次に国家を治め、そして天下を平和にする）」（『大学』）のように、修身があって、それを広げれば、おのずから善なる社会が成り立つと考えてきたところがあります。ところが、そのような単純な論理ではなく、社会には社会の論理があることを理解したうえで、個人にとどまらず、共同体の一員として、自分の社会をよくしていくことが自分の個人的な私的善をよくしていくことであるという考え方です。公共善やダイナミックなやりとりが大切であることが、『概論』に出てきたと思います。その点を強調しないと、今までどおりの「社会のつながり」で終わってしまうと思います。

大野　これまでモラロジーを学ばれた方々で、地域や社会の活動を一生懸命されている方はたくさんおみえになりますが、それが必ずしも道徳実践だと認識されていなかったのではないでしょうか。地域社会に貢献することがりっぱな道徳的な活動であるということが、より明確になったと思います。

山田　マイホーム主義が行き過ぎ、企業も利己利益ばかりを追求する中で、社会全体を考えて自分の位置づけを考え直すという意味では、たいへんよい示唆を与えるものとなっていると思います。

北川　『道徳科学の論文』を読むと、個人と国家の関係は論じられていますが、『概論』では、その間の地域社会やコミュニティのあり方を扱ったことが新しいことではないでしょうか。

山田　目の届く範囲、まさに近隣、地域社会です。それをもう少し強調しておかないといけないのかもしれません。小さい町会や自治会があります。その延長線上にいくらでもあります。いろいろなクラブや集団（組織）があって、それぞれが地域社会に貢献しているということをもっと強調できるとよいと思います。

大野　家族が大事ということを強調したとき、間違った強調のされ方をすると、それぞれの家族が自分たちで問題解決をしなさいというように、家族だけに押しつけてしまう危険性があります。ところが、今はそうもいきません。先ほどの認知症の方の介護の場合のように、家族だけではどうしても引き受けきれないわけです。子供を育てることは、昔だったらおじいちゃん、おばあちゃんがいて、大家族の中で多くの人が面倒を見ることができたわけですけれども、今では当然できません。今、問題になっているのは、母親一人に子供の教育の責任が全部かかってくるということです。

昔はお年寄りや子供の面倒は地域で見ていました。それがいったんなくなりかけていたものを、もう一回取り戻そうという動きだと思います。それを具体的に社会のあり方として反映した理論が述べられているのだと思います。

歴史を受け継ぐ国家と家族

北川　公共社会の中における個人のあり方や生き方を論じた公共哲学が注目されています。公共哲学では、個人を取り巻く家族、地域社会、国家、国際社会、そして地球社会が同心円的な広がりとして描かれています。しかし、最も基礎的な社会集団である家族と、最も包括的な社会集団である国家は、私たちの生存基盤として特別な意味をもっているはずです。ところが、今の公共哲学では、家族や国家も他の社会集団と同列に扱われ、個人は家族や国家の有機的・歴史的な絆を重く受けとめることなく、無自覚にグローバル社会[1]まで意識を拡散させてしまうのです。私はこれが、今の公共哲学の不満な点です。

その点、今回、共同体の中でも家族と国家に対する責任を踏まえて、人類に対する責任を果たしていくという提言をしたところが、今日の公共哲学へ批判というか、抜けている点を新たに付け加えたことがよい問題提起になると思います。

田中　言葉や国というものが形成されるための時間の問題を扱っているところは、とてもおもしろいと思います。各時代の人たちがいろいろなことをやってきて、初めて共同体ができ、われわれもその恩恵を受けているということです。ですから、「私はだれの世話にもなっていない」という人も、言葉を使って生活しているはずです。言葉は当然、それまでの日本人の活動と文化と歴史によって集約されたもので、それをそのまま使わせてもらっているということです。もちろん飲んだり食べたりしているわけですから、人の世話になっていない人は存在しないわけです。そういう意味で共同体をつくるときも、ただ何もしなくてでき上がったのではなく、時間はもちろん、ツールとしての言葉もありますが、いろいろな人間の働きがあってはじめてできているることです。そのように前の世代から、次の世代につながっているという具体的なイメージがとてもよく表されていると思います。

大野　今、公共哲学の話が出ましたが、今の公共哲学の議論にはあまり時間軸が入ってきません。今いる人たちが集まって集団をつくり、そこで議論して、また集団のあり方を決めるということが強調されています。

逆に、伝統的な共同体は硬直的な共同体で、悪いとは言わないまでも、非常に人を縛るという感じが強いのです。しかし、必ずしもそうではなく、やはり過去から歴史を受け継ぎ、それを未来につないでいくという視点があって、それがはっきり出ているのが、家族であり、国家であると思います。その点はモラロジーの立場として、はっきり出していくべきところだと思います。明らかに共同体は歴史を受け継ぐ存在です。

共同体を成り立たせている郷土意識

田中　この間、徳島に行ったときに阿波踊り会館があって、観光客用に阿波踊りを披露しています。見物するつもりだけだったのが、引っ張りだされて踊ってきました。とてもすごいエネルギーで、訓練された人たちが踊りますから、とても美しいのです。

徳島に限らないでしょうが、地方にあるお祭りをわれわれはテレビだけで見ていますが、現地に行ってみると、昔から伝えられてきているお祭りが現代でもまだ生きているのです。そのようなものを共有することによって、郷土が一つのまとまりをもったり、同じ地方の人間になるのです。それは共同体を成り立たせている大きな要素で、単に経済活動だけで成り立っているわけではないことがほんとうによく分かるのです。そのような中で、常に生きているという自覚をもつことは、とても大事なのではないでしょうか。

東京あたりだと、そのような郷土意識のようなものが少し薄れるところもあるかもしれませんが……。

山田　大都市近郊の住宅団地では、高齢化や居住者の減少がどんどん進んでいます。

子育てが終わって子供が独立して出て行ってしまい、残された老夫婦や、配偶者を亡くした人が一人で住んでいる例も多く見られます。以前は相当な数の人が住んでいたはずです。村や町のように伝統的なものが何も残っていなくて、地域社会が成り立たなくなっていることをどう考えていったらいいのでしょうか。

大野　今日、地域社会はいくつものむずかしい課題を抱えています。

国家と家族を再確認する

横山　評論家で作家の堺屋太一氏は十五年ほど前から予測小説『平成三十年』（朝日文庫）の中で、人間の共同体に関して「戦前からの『血縁社会』、町村など地域ごとに助け合う『地縁社会』、そして都会の終身雇用の会社で働きながら夫婦・親子で物質的に豊かな生活を追求していった『職縁社会』が崩れ、やがて『好縁社会』（同じ趣味をもつ人や話の合う人とつながる社会）が到来する」と述べています。そして今、自分自身の生存の基盤をあまり意識しないまま、インターネットなどを通じて、同じ趣味をもつ人や話の合う人同士が、「好き」な時だけ話したり会ったりするという傾向も表れています。だからこそ、あらためて生存の基盤である国家や家族等の重要性について再確認することが大切になるわけです。

大野　家族や国家がなぜ強調されるのかといえば、これはもう本質的に切れない世界だからでしょうね。「いのち」から見ると家族は間違いなく遺伝子でつながっています。遺伝子でなくともかなり濃厚なつながりです。国家もやはり受け継がれてきています。これもやはり、永安教授がよく言っておられたことですが、国家のいちばんの大事な役割は国防と治安です。これは、いのちを守るために武力の行使を認められているのは国家だけということです。もちろん国によっては、それがいのちを奪うために使われているところもありますけれども、しかし本質はいのちを守るためです。

共助としてのつながり

山田　そうすると、中間の「共助」をどうとらえますか。

大野　それはある種、補助的なわけですよ。

田中　共助の部分は、地域社会がもっていた機能が薄くなってきている中で、いろいろ形は変わるけれども、それぞれがいろいろなサークルに参加しているとか、グループホームをつくったりしていることを含めて、共助の部分がなくなるわけではないと思います。ただし、昔のようには戻れません。いずれにしろ地域社会は大きな課題を抱えています。共同体として十分に機能しなくなっています。ゴースト化する団地やさびれる商店街がありますが、この問題は大きな課題です。

大野　共同体の場合、古いものをただ単に受け継いでいくだけでなく、やはりその時代に合わせて変化させていかなければならないのがむずかしいところだと思います。受け継ぐことと変化させることの両方をバランスよく考える必要があります。伝統だけを強調しすぎるとものすごく固いものになってしまう危険性がありますね。

横山　形の面では、どんどん変わってきています。だからこそ「つながり」が求められるのでしょう。

先ほど、認知症の話が出ましたけれども、個人的なことになりますが、私の兄は東京でグループホームを経営しています。そこでは、入居される認知症の方とご家族とのつながりを大切にしています。もし、入居者の家族が施設に預ければよいという考えならば、入居者本人は家族とのつながりがなく、寂しい思いで生活されてしまうわけです。だから、常に「家族とのつながり」を大切にしているということです。

北川　先日もそのような施設を見学させてもらいましたが、家族がたびたび訪れることを前提にお預かりするというところがほとんどでした。そこには必ずイベントホールがあって、地域の人も入ってこられます。御神輿《おみこし》などをもち込んだりして、いろいろなイベントをする仕組みができているのです。

山田　それは新たなコミュニティセンターですね。

横山　そうなんです。新たなコミュニティセンター、まさに共同体なのです。そういう動きも進んできています。

山田　近くだったらいいけれど、家族が遠いところに住んでいたら年に何回とか、毎月とかは無理ですね。

横山　あまり遠いところからはむずかしいようです。できるだけ近いところを探す方が多いと思いますが、このような共同住居型の介護施設が不足しているわけです。

山田　今でも不足していますから、私たちの団塊世代が高齢になった場合、もっと深刻になりますよ。

共同体とプライバシーの問題

山田　話は変わりますが、私が住む町会では、訃報連絡がプライバシーの侵害ということで回覧されません。特に今、家族葬や何々葬があるようですから、いつの間にか葬儀が終わっています。そうなると人との結びつきが弱まり、亡くなった人のことを思い出すこともなくなります。

大野　そのことについて、出講先で話が出ました。家族葬は、家族にはいいかもしれませんが、参列できなかった周りの人たちがずいぶん寂しい思いをするという話でした。

山田　そうですね。しばらくお会いしないと思ったら「もう亡くなったよ」という話があり、思わず「いつ？」と聞き返すことがあります。一年後に知ることもあります。

田中　これはなかなかむずかしいですね。

山田　そうなんです。規制するわけにもいきませんから、こうしたほうがいいとも言えません。しかし、現実に起こっていて、どちらがいいだろうかと、みんなが迷っているのですよね。

北川　高齢者介護施設の話ですが、多くのところではお亡くなりになると裏口からスーッと退所されます。しかし、私が見に行ったところでは、施設のホールでお葬式をして、入居者が皆で見送るのです。

田中　それがいいですね。今まで一緒にいた人が、ある日、突然いなくなったら寂しいですよね。

山田　私らの世代の晩年には、そのような課題がもっと鮮烈に出てくると思います。一方では、お葬式を賑やかに行う。他方では、いつのまにかいなくなるというようなな……。

横山　そういうことからも「道徳共同体をつくる」ことに大きな意味があるわけでしょうね。

この『概論』でも述べられていることですが、まず家族は精神的・文化的に結びつき、切っても切れない関係にあります。そして、この家族に対する愛情を基礎にして、広く社会や世界の人々に向けた人類愛を育てていこうということでしょう。さらに「互敬の精神」を培って文化の多様性を認め、また国際支援においては、各国民が祖国を愛することができるように、国の自立と発展を援助することが大切になるわけですね。

注①　グローバル社会

グローバルとは、①世界的な、地球規模の②全体的な、包括的な　等の意味。グローバル社会とは「人・モノ・情報が国境を越えて活発に移動し、交流する社会」。人やモノが活発に移動し、交流が行われることは、新しいものに容易に触れられたり、異質の文化との交流で新しいものが生まれるなどよい面があるが、反面、文化を均質化させることが危惧されている。

第四章　普通道徳から最高道徳へ

コンプライアンスはその精神が大切

横山　基礎編の内容を受け、実践編にもつなげていく第四章「普通道徳から最高道徳へ」に入ります。この章では「普通道徳の意義と限界を認識し、諸聖人の人類文化への偉大な貢献と、人類の共存を可能とする共通道徳としての最高道徳が必要である」ことを学びます。

最初の項は「倫理道徳の進化」となっていて、ここには政治経済活動等における社会的責任として問われている「コンプライアンス①（法令遵守）」や「説明責任②」という言葉が出てきます。

山田　これも先ほどの議論の底流に流れている「安心」と「安全」が中心です。今、企業は提供するサービス、製造する製品の質を高めています。コンプライアンスがなかったなら、裏稼業になったり、不完全なものを提供したりして、変なことになってしまいます。やはり信頼と安心が基本になります。

横山　企業等で不祥事が発生するたびに

社会から厳しく非難され、その社会的責任が大きく問われています。そこで「コンプライアンス」の徹底が強く叫ばれ、企業によっては、そのための機関や通報・相談の窓口を設置し、不正行為の早期発見と是正を積極的に図っているところもあります。大野講師は「コンプライアンス」や「説明責任」についても研究されていますね。

大野　そうですね。問題はそれがどういう精神で行われているかということです。今、問題になっているのが、コンプライアンスというと、企業がその形だけを守ることになってしまって、かえって全体を萎縮させる危険性があると指摘されています。この問題は普通道徳の本質にもあると思いますが、「何々をやってはいけない」という形だけにとらわれてしまうと、人間を縛るというか、形だけになってしまいます。おそらく共通している問題だと思います。

これは、麗澤大学の高巖《たかいわお》経済学部長が言っていることなのですが、コンプライアンスの大切なところは、その法令を守るというだけでなく、それがよって立つ精神を大切にするということです。一歩間違えると、形だけ守っていればよいということになって、抜け道をどんどん探してしまいます。形式的な違反をしなければよいという意識が社員の中に広がってしまうと、かえって企業は危険な状態になります。

北川　コンプライアンスは「倫理法令遵

守」と訳すべきではないかと提案された方もいます。

大野　極端に言えば、法律違反にならないならば、何をやってもよいということになってしまいます。

田中　そういうことですよね。だから一方から見れば、情報開示を言われなければならないということは、違反する人、あるいは違反する企業が多くなってきたといえるかもしれません。ですから道徳的に進歩したとはいえないのですね。きちんとした取り決めをしないと、いろいろな不都合が目に余ってくると。システムや制度は動いているのですが、人間の精神はあまり変わっていないともいえるのです。

内部告発をどう考えるか

横山　この「普通道徳の役割と成果」の中で「むやみに他人の秘密やプライバシーを明かさない『黙秘《もくひ》の徳』③が重要な道徳」（六三ページ）であると紹介されています。もちろん、この「黙秘の徳」が重要な道徳であることは、昔も今も変わりないわけですが、公益通報制度があり、法律上では幼児・老人の虐待等についての通報や情報公開が認められています。「コンプライアンス」ともかかわるのですが、たとえば「内部告発」の是非については、時々問われることがあります。大野講師は、この「内部告発」についてどうお考えですか。

大野　これはなかなか厄介な問題ですね。これまでの企業不祥事を見ると、やはり現実に内部告発がないと表に出てこなかった問題が相当あります。それを考えた場合、内部告発を認めないと、問題が隠ぺいされるおそれが強いので、基本的には社会的に必要な制度だと考えます。

ただし、大切なのはその目的です。問題を暴露することが本来の目的ではなく、内部告発されるかもしれないという緊張感をもたせることで、健全な経営を推進することが大切です。内部告発が起きなくてすむような社内の体制をつくることが求められます。

また法律上は内部告発者ではなく、公益通報者となっています。つまり社会の利益となるものでなければならず、たとえば個人的な恨みという動機で行ってはならないということです。あえて言えば、会社を間違った方向から救うという思いがその根本にあるべきです。これはケースバイケースであって、原則はあるとしても個々の内容についてはむずかしいと思います。それについてきちんと社内で話をすること自体に意味があると思います。

田中　内部告発という言葉自体が悪いですね。

大野　そうですね。今、よいことを言っていただきました。「内部告発」は英語で

「ホイッスル・ブローイング(whistle-blowing)」と言って、「警笛を鳴らす人」「警告の笛を鳴らす人」という意味です。間違った方向に行こうとしているとき、ちょっと待てと笛を鳴らすことが内部告発ですね。

田中　内部告発は会社や本人にとっても悪いことをしているようで、もう少し言葉を柔らかくしてほしいですね。

いずれにしても、結果として内部告発した人が保護されないといけないと思います。左遷されたり、首を切られたら大変です。

大野　制度をどうつくっていくかということと同時に、精神がどうあるべきか分けて考える必要があると思います。一歩間違えると、制度だけが一人歩きすると、統制の行き過ぎた社会になる可能性もあります。

横山　制度に善い悪いがあるわけではなく、それを生かす人の精神（心づかい）、使う人の精神の問題になるわけですね。

普通道徳の限界は、そこに含まれる精神にあるわけで、この『概論』でも、自己中心的、一時的・感情的、要求的、形式的、さらに熱心・奮闘の道徳になってしまうと指摘しています。そして、それは品性を改善するものではなく、道徳の実行者自身によい結果をもたらすことが少ないとしています。そこで、普通道徳を尊重しながらも、その欠陥や限界を見きわめ、改善していく必要があるわけですね。

普通道徳の限界

北川　「普通道徳の限界」ということは、毎月の『ニューモラル』のテーマにもなっていると思いますが、大学で道徳科学を担当していると、それは高度すぎて、もっとルールやマナーの問題をきちんとやるべきではないかという議論が出てきます。社会教育の面でも同じ議論があって、心づかいのレベルが高すぎて、むしろ人間として社会人として、きちんとやらなければならないことをしっかり教えることが必要ではないかと。しかし、「べき・べからず」論に陥りやすい普通道徳の限界を乗り越えて、こだわりやとらわれから自由になって、広やかで伸びやかな最高道徳の境地を拓くという問題提起は、生涯学習の講座でも重要なことだと思っています。

田中　講座ではそうですね。ただ、普通道徳を実行する気がない人に対しては、ほとんど教育不可能ですね。求めてくる人には、もっと高いレベルの道徳があることを教えて、それを知ったうえで上質の道徳を提供することは可能です。しかし、最初からルールやマナーを含めて、関心のない人を教育するのはかなりむずかしいですね。教えたらできるようになるという誤解があると思いますが、教えたらできるぐらいなら、学校の先生は困らないですよ。気がない人にはいくら言っても教えられません。たとえば、ＰＴＡで、「親としてこのようにありましょう」という勉強会を開くと、来る人はほとんど問題のない人たちで、来たくない人に問題があるようです。

北川　『道徳科学の論文』には、至誠や慈悲があってもそれ自体は伝達することができない。至誠や慈悲を乗せる形がないと表現できないという説明がありますよね。

山田　平成二十四年四月、共同通信社から配信された地方新聞の記事に、麗澤大学の道徳教科書の内容ではなく、「学生の私語や携帯電話の使用マナーの悪いことを教えなければ、大学生活が成り立たない」ということが指摘され、注目されています。

普通道徳、マナー、ルールの話です。そうならば、不道徳、無道徳のレベルから話をしなければなりません。

北川　まず普通道徳の限界を問題にしないと、最高道徳まで話がいきません。

山田　それは私どもの論理であって、一般社会では普通道徳さえもできていない場合が多くあります。

田中　普通道徳のための教育論は、別途、つくらなければなりません。とても困難な教育ですよ。

北川　『総合人間学モラロジー概論』もそうですが、『概論』は『概説』に比べると普通道徳のベースが必要であることを踏まえています。そのうえで、ルールやマナーだけではなくて、コンプライアンスなどの社会的な問題にも踏み込んで、意図的に社会的な展開をしています。

山田　今まではどちらかというと、普通道徳には価値がなく、最高道徳さえ実行できれば、おのずから普通道徳ができるような風潮でした。『概論』では普通道徳を押さえたうえで、問題を整理しているからよいのですよ。

横山　六三ページの六行目に、「普通道徳は、法律と同様に社会生活に秩序をもたらし、安心で幸福な人生を築くためにきわめて重要です」と書かれています。それを踏まえて、普通道徳の限界についても説明すると、最高道徳に入っていけると思います。

山田　その限界という表現がいいのかどうかという問題もあります。限界というとらえ方は、あまりないのではないでしょうか。意識の高い人にとっては、限界と表現するのがいいかもしれませんが、普通道徳の必要性や重要性という言葉がよいのかもしれません。

北川　あるいは、普通道徳の「落とし穴」と言い換えればよいのでしょうか。

山田　感性の問題ですが、限界という言葉には一生懸命にやっても、まだ足りないというニュアンス（意味合い）がありますね。

横山　確かに限界という言葉を使ってい

ますが、「落とし穴」というとらえ方も分かりやすいと思います。

大野　よい社会をつくるために普通道徳のレベルでできることには一定の「限界」がある、完全なものはできないという意味も込められているのでしょう。

横山　これまで真面目に普通道徳を守ってきて、物事がなかなかうまくいかないという面では、普通道徳に限界があると言えると思います。

田中　夫婦喧嘩一つだって、普通道徳では乗り越えられません。おたがいに嫌な思いをして我慢するしかないですよ。しかし、この喧嘩の中にも意味があったととらえるには、普通道徳を超える物事の考え方が必要になってきます。

対話を通して学ぶ

北川　たとえば、講座でも、議論や対話を重視していく必要があるのではないかと感じるときがあります。違うと思っても遠慮して言わないのではなく、質問したり、意見を述べ合って、議論することは教育効果をもっています。講座を受講すると、講義を拝聴するだけで、受け身になって元気や若さを失うことがあるならば、モラロジーや教科書が間違っているのではなく、教育方法に問題があると思います。率直な感想や意見をおたがいがぶつけ合うようなこともしなければいけない面もあるのではないでしょうか。

横山　それを考慮して、講師との懇談やグループ学習、ポイント学習を講座のカリキュラムに入れています。

北川　講師のお話を承っているだけではなく、対話を通して相互に学び合う姿勢が大切です。このようなことに対して警鐘を鳴らす必要はないでしょうか。

田中　「いや違うな」と思ってくれる人がいてくれることがいいんですよ。「ただただありがたいお話を聞かせてもらった」で終わると、先に進みません。ほんとうに自分は分かっているのだろうかと学習者自身が問い直して、「先生、ここが分かりません」と言ってくれると、とてもよい勉強会になります。

北川　それが道徳性や人間性を高める教育になりますよね。また、モラロジーの学び方を間違えて、人としての悲しみや怒りを押し殺してしまうようなことは健全なことではありません。もっと素直に喜びや悲しみを表現する教育があってもよいかもしれません。

田中　そのような人は、ぜひカウンセリングセミナーを受けてほしいと思います(笑)。そのセミナーでは、伸び伸びとした人間を回復するという面があります。喜怒哀楽の感情に注目していきますから。

横山　講義の場合は、どうしても一方的

なものになりますが、ゼミナール形式の場合、受講者の反応はかなり違います。十人くらいのグループで行うと、こちらから「どうですか」と尋ねると、「そこのところは分からない」とか「私はそういうふうに思ったことはない」というような答えも返ってきて、こちらも学ぶことができます。

聖人を身近にとらえる

横山　次に、六六ページからの「求められる最高道徳」の内容について話を進めたいと思います。この冒頭に「古代には、普通道徳とは異なる、すぐれた倫理道徳が生み出され……その系統が今日まで伝えられて、人類の幸福を高めてきています」として「古代諸聖人とその道徳（最高道徳）」について述べられています。

田中　私は、聖人の扱いについて、実際の社会教育の場面でたいへん助かっています。「科学時代となった現代でも、人間の心の救済とそれに到達する方法を示したという点では、古代諸聖人の宗教と道徳に比肩できるものはいまだに現れていません」（六七ページ）「古代の諸聖人ほど人々の苦しみを共に苦しみ、人間の幸福と救いの道を求めて悩み、考えぬいた人は、これまでの世界には存在しません」「最高道徳は、古代諸聖人に発するものであり、有史以来、最強最高の生命力と創造を生み出してきた道徳です」（七四ページ）とあります。これは、われわれはもう問題を乗り越えたわけではなく、二千年前や二千五百年前の昔の人も、結局、同じことで喜んだり、怒ったり、人を憎んだりするのは何も変わっていないことを述べています。

先ほど、コンプライアンスの話が出ましたが、道徳的に進化したのでしょうか。制度やシステムは進んでいますが、人間の中身はそんなに変わっていません。二千五百年程度では、人間の中身は変わっていないという意味で、すごく聖人の説明がしやすくなりました。一般の多くの方には、なぜ聖人のような古い人のことを勉強するのだろうという疑問があるのです。

横山　そうですね。この「生きるための意味」と諸聖人の道徳をつなげて、「（古代諸聖人は）『生きるための意味』を人類に教え示しました」（六七ページ）としています。これまでのテキストでは「人間としての道」や「人としての生き方」という言葉が使われていましたが、「生きるための意味」は分かりやすい言葉だと思います。この言葉によって、諸聖人がより身近にとらえられる感じがします。

北川　「魂の救いまで含めたもっとも包括的な『生きるための意味』を人類に教え示しました」（六七ページ）のところは、よいですね。特殊性・多様性を尊重しながら、コモン・モラリティ（共通道徳）④を構築しようということですね。

田中　『論文』の六冊目「第十二章第八項第四節中　釈迦の感化力　二」には、今まで出家遁世したり、長年、宗教の普及に力を尽くした人は多数あるけれども、人類に益することは少なかったという意味のことが述べられています。やはり、ほんとうに人のことを考えて、それを衆生に伝えようとした人が古代諸聖人だと考えることができます。

北川　所化という受け身の立場を乗り越えて、能化という働きかける努力をした人ですよね。

横山　「最高道徳の特質」についても、その分類は新しくなっていて、「広大な慈悲心を育てる」「精神を育成する」「正義と平和を希求する」「救いの道を教える」「知徳一体を力説する」に続いて、六番目に「弱さを思いやる」を明示しています。そして、「聖人は、生老病死をはじめとする人間の弱さに対する惻隠《そくいん》の情、すなわち慈しみや思いやりの心を教えています」と説いていますね。

大野　そうですね。「弱さ」については新しいですね。

最高道徳をどう伝えるか

山田　共通道徳（コモン・モラリティ）は、世界的に通用する言葉あるいは表現なのでしょうか。この言葉が古代諸聖人に関するものとして連想されるのでしょうか。われわれ国内だけで言っているのか、世界的にも通用するのでしょうか。

田中　コモン・モラリティという言葉が、一つの単語として定着しているかどうかとは別ですが、平成二十一年（二〇〇九）のモラルサイエンス国際会議での私の印象は、従来の道徳原理では乗り越えられないと思っている人たちがモラロジーに関心をもたれたようです。そうした人たちが期せずして、古代聖人の道徳に注目していて、モラロジーがそれらを最高道徳として取り上げて、実際に社会教育活動まで行っていることに深い関心をもった方が多かったように思いました。

大野　マイケル・パレンシア＝ロス先生（イリノイ大学名誉教授・道徳科学研究センター顧問）の「モラロジーは特定の文化を基礎に置くものですが、その文化に限定されたものではない」(Moralogy is culturally based but not culturally bound.) という言葉があります。

田中　試行錯誤の苦しみの結果が普遍性をもったということでしょう。イエスの教えも、パレスチナという小さな国の地方文化に根ざしていたわけですが、共存と平和を考え悩みぬいた末、普遍性を獲得したことは、モラロジーにも当てはまるのではないかと思います。

廣池千九郎博士は無心なのです。どうすれば、みんなが幸せになれるのか、考え抜いた末に、無私なところが普遍性をもったと、一人のモラロジアンとして私はそのように受け取りたいですね。

北川　国際会議（二〇〇九年モラルサイエンス国際会議）以降、服部英二教授（道徳科学研究センター顧問・麗澤大学客員教授）の「通底の価値」という問題提起がありますね（通底：表面上異なって見える事柄や思想などが、根底において通ずるところをもつこと、三省堂『大辞林』）。「通底の価値」とは、多様性を尊重する立場であり、異なった文明の深みに響きあう価値を認めること）。これと同じ線上にあると考えてもいいのかと思います。

大野　服部教授は「普遍性ではない」と言われていますね。

北川　多様な価値の底流に流れる人類共有の道徳です。

横山　テキストの注には、「コモン・モラリティ」について「異なる文化に共通する基本となる道徳」とし、普遍的とか統一するというものではないという説明になっています。

山田　世界人権宣言にも出ています。世界人権宣言は戦後、それまで各国ごとに決めていた人権規定を全人類社会に共通にしようとしてつくったのですが、それはコモンやファンダメンタルズ(fundamentals:基本、基礎）ではなく、ユニバーサルを使っています。今、ユニバーサル・デザインという世界共通のものがあります。まさに世界中どこでも通用する意味です。

田中　グローバルスタンダード（global standard）のようになるのでしょうか。

山田　そうだから、コモン・モラリティという言葉が世界的に通用するのだろうかと思うのですが……。今度、新しく出版された『総合人間学モラロジー概論』の英訳本である『Distilled Wisdom』も世界のどこでも受け入れられる言葉でしょうか。

横山　この英訳版のタイトルは、「洗練された叡智」「純粋な叡智」という意味をめざして付けたものだと聞いています。

山田　また、互敬の世紀をひらくコモン・モラリティをめざすという意味合いで、distilled と付けたのでしょうか。

大野　あのタイトルは、キャッチコピーにもなるように付けられたのだと思います。

山田　私は最高道徳には多少の抵抗があって、最高よりもむしろ「純粋」のほうがよいと思います。『道徳科学の論文』にも、「純道徳」や「質の高い道徳」と書かれているところがありますから、新たに何か別の表現を付ければ、もう少し多くの人が近づきやすいイメージができると思います。

最高道徳では少し敬遠されるように思われます。どうしたらいいのでしょうか。

田中　それは紹介の仕方によって、人類

の歴史の中で最高、最強の道徳原理なるもの、それを私たちが生活の中に取り入れようという、そういうふうに取り次ぐだけのことでよいのではないですか。

山田　廣池千九郎博士が『道徳科学の論文』の七章で、昔は、最高道徳は聖人がやるものだったけれど、これからの社会ではみんなが最高道徳をしなければいけないと言っています。公益財団法人として活動しているわけですから、多くの人がアクセス可能な呼びかけをしないといけないのではないかという思いから、最高道徳に代わる呼び名はないだろうかということです。昔から考えていたのですが、いっこうによい考えが浮びません。

田中　純と言っても、ピュアと言っても、何にしても硬さを感じる人は感じます。

山田　大野講師は、大学生の道徳科学の授業では、どのような言葉を使っているのですか。

大野　まあ、「質の高い道徳」という言い方をしています。

山田　生涯学習セミナーの導入ＤＶＤでは、「それをわれわれは最高道徳と呼ぶ」と最後に締めているだけです。実際は、質の高い道徳に進まなければいけないという視点で道徳をとらえ直そうと述べています。

北川　最高道徳の本質は慈悲だと思いますが、慈悲にもいろいろなバラエティーやバリエーションがあって、最高道徳にもいろいろなバリエーションがあると思います。コモン・モラリティも一つのものを想像しますが、いろいろな場面で人類共有のモラル（moral）を一つ一つ確認していく努力が求められると思います。

山田　ゆるやかな普遍性をもっていなければならないでしょうから、みんなが考えて分からなければなりません。分かる人だけが分かっているだけでは困ります。

横山　それは、これからの教育の課題ですね。

北川　そうだと思います。慈悲と言っても、答えが出たと思わないようにして、一つ一つの場面でその意味を確認していく習慣をもてばいいのではないかと思います。一つの表現ですべての問題が解決できたように思わないようにしなければなりません。

横山　いくつかの課題も残しつつ、皆さんから『概論』学習への多くのヒントをお聞きすることができました。併せて、ここまでの「基礎編」において、人類の歴史とともに形成されてきた普通道徳の限界等を乗りこえるために、この普通道徳を改善するとともに、最高道徳への深い理解と実行が不可欠であることをあらためて確認した次第です。長時間にわたってお話しいただき、ありがとうございました。

注① コンプライアンス（法令遵守）

compliance

英語の原義は「（命令、要求などに）従う」ことであるが、現在では、主として法令遵守の意味で使われる。（参照：『倫理道徳の白書 vol.Ⅰ』「企業倫理」モラロジー研究所、高巖『誠実さを貫く経営』日本経済新聞社）

② **説明責任**

人あるいは企業・行政機関・政府等が、関係者（利害関係者、顧客、消費者、住民、国民など）に対して、自身の業務や活動・行動について事前、事後に説明する責任のこと。

③ **黙秘の徳**

人のプライバシー、個人情報、企業秘密、国家機密などを外部に漏らさないという道徳。武士道や昔の官僚の道徳では厳しく求められたと言われる。

黙秘の徳と情報開示の原則とには対立があるが、内部告発は、日本では公益通報者保護法という形で法的に制度化され、平成十八年に施行された。

④ **コモン・モラル**（共通道徳）

common morals

異なる文化に共通する道徳のこと、コモン・モラリティ（common morality）ともいう。

コモン（共通）には①異なる文化の間に共通、

②異なる専門分野の間に共通、③異なる時代の間に共通の三つがある。（参照：『倫理道徳の白書 vol. I』および『グローバル時代のコモンモラリティの探求――二〇〇二年モラルサイエンス国際会議報告』モラロジー研究所）

【モラロジー教育の現場から】

道徳の大切さを伝える

モラロジー研究所生涯学習本部講師室顧問
参与・社会教育講師

穂《ほ》苅《かり》満《みつ》雄《お》

昭和七年（一九三二）、名古屋市に生まれる。高校卒業後、名古屋鉄道管理局勤務。三十六年より廣池学園瑞浪分園に入り、四十三年、中京大学卒業。麗澤瑞浪高等学校教諭、モラロジー研究所谷川講堂主事、瑞浪社会教育センター長、講師部長、柏生涯学習センター長、相談センター長等を歴任。現在、琉球大学非常勤講師、モラロジー研究所生涯学習本部講師室顧問・参与・社会教育講師。

「教えられていないこと」が問題

私は麗澤瑞浪高校《れいたくみずなみ》（岐阜県）で教鞭《きょうべん》をとった後、モラロジーの教育活動のほか、一般からも要請を受けて、各地で社会教育や生涯学習に関するお話をしています。また、近年は琉《りゅう》球《きゅう》大学で非常勤講師として、「情報社会と情報倫理」という科目の一環である集中講義を担当しています。こうしたことから、最近、気づいたことを述べたいと思います。

まず、今の若い世代は、「社会生活を営むうえで重要なこと」を教えられていないという点が、最大の問題なのではないでしょうか。つまり「教える側である大人が、人としての生き方を伝えていない」ということです。

平成二十四年の初めに、青森県の高校で行われたＪＲＣ（青少年赤十字）のリーダー研修会で、三十人ほどの生徒を前に、「生かされる喜び」というテーマで九十分の講義をしました。挨拶の意義や親への感謝の念などについて、一つ一つ話をしていったのですが、生徒たちの感想は次のようなものでした。

「私が今ここにいることも、多くの人との関わりがあってこそだと感謝した」

「他人の支えが必要不可欠だとあらためて知った」

「自分には、足りないものがたくさんあった」

「自分の未熟な部分に気づいた」など。

また、琉球大学では、科目名としては「情報社会と情報倫理」がありますが、私が講義をする回は、ほとんどモラロジーに近い内容を話しています。それでも学生たちは、わりにすんなりと受け入れてくれます。

平成二十四年の春に、『道徳実行の指針』をテキストにして沖縄で行われた二泊三日のモラロジーセミナーでは、琉球大学の学生も何人かが社会人に交じって受講しました。そのときの学生の感想文があります。

「テキストの内容は当たり前のように感じるが、実行できていない自分に気がついた」

「心づかいと行いで人生を変えることができる、という言葉に希望を見いだした」

「生かされていることに感謝する——言われてみれば当然のことかもしれないが、講義を聞くまでは考えたこともなかった」など。

このように、高校生も大学生も、「初めて聞いた」とか、「〝分かっている〟と思っていたことでも、こんな考え方ができるのか」などという感想の多いことが分かります。

また、学生・生徒だけでなく、社会人にも同様のことが言えるようです。

平成二十三年に、名古屋でモラロジーを知らない社会人を対象とした勉強会を開催したとき、「人生とは選択の連続である」という内容から始めて、「心づかいと行いが人生を決める」というような、モラロジーの概略に近い内容を紹介しました。後でアンケートをとってみると、参加者六十人のうち五十人ほどは、「話の続きを聞きたい」「もう一回こういう会があったら、また参加したい」という感想でした。中には、今でも勉強を続けている方がいます。

こうした話が、まるで砂に水を撒《ま》いたときのようにすっと吸収されるのを見ると、「時代が変わって、人間も変わってしまった」というわけではないようです。社会人の場合も学生たちと同様に、やはり「教えられていない、知らされていない」という点に問題があるのではないでしょうか。

こうしたことから、今、世の中の多くの人たちは「人間としてどう生きなければならないか、人生をどう考えて、どう生きるべきか」という問題の答えを求めている、ということが言えます。さらに、比較的若い世代の人たちの中には、例えば大学生になっても挨拶がきちんとできないとか、生活の基本的なことに問題を抱えている人も多いことが指摘されています。そうしたことも、親の世代がきちんと教えていないことに原因があると見てよいでしょう。

ですから、若い世代が抱えている人生上の問題に関しては、相手の年齢・年代に応じて順序よく、モラロジーを学ぶという以前の躾《しつけ》の意味で、「人間としてどうあるべきか」や「人間としての生き方」を、きちんと教えていく必要があります。私の経験でも、この問題についてきちんと順を追って説明をすれば、かなりよく理解していただけるものです。

「人間としてのあり方・生き方」を伝える

正しいことを正しく

人間としてのあり方・生き方を皆さんにお伝えするにあたって、私たちは、何事についても「正しい」ということを基準として取り組む必要があります。つまり、「正しいことを、正しい人から、正しく学んで、正しく理解をして、正しく伝えていく、そして正しい結果を得る。そのために、自分自身が正しい心づかいをつくり上げる」ということです。

ここで言う「正しいこと」とは、モラロジーでは「世界の諸聖人の教え」を標準として考えます。次の「正しい人から」とは、「聖人」から教えていただくわけにはいかなくても、「聖人をめざして修養した、精神性の高い人」、そういう人から学ぶことが必要です。そして「正しく学んで、正しく理解をして、正しく伝える」場合の「正しく」とは、「順序立てて、正確に」ということです。

この「聖人の教えを、品性の高い人から、順序立てて正確に学んで、理解し、それを他の人にも伝える」ということを順次実行に移していくと、私たち自身の心に喜びが得られるのです。

正しく伝える――人から人への感化、「仁恕」の精神

最近はパソコンや携帯電話などが普及して、一人で小さな部屋にこもっていても、その場でさまざまな情報が得られるようになりました。もちろん、科学技術の進歩は必要であり、それによってもたらされる新しい機器を使うことは大いに結構です。しかし、何もかもそうした機器に頼るだけでは、表面的なことに終始し、物事の本質を逃してしまう危険性があります。

人間という字は「人の間」と書きます。私たちは「人と人」のコミュニケーションの大切

さをあらためて思い起こし、特に「生き方」に関わる問題などは、実際に相手の顔を見ながら、肉声で相手に伝えていく必要があります。

モラロジーの教えの基本は、人と人とで感化を及ぼし合うことにあり、教育活動に際しては「相手にきちんと聞いてもらう」という、コミュニケーションの基本に立ち返らなければなりません。相手に聞いてもらえない、相手が「気づき」を得てくれないとすると、〝自分に何か欠けているものがあるのではないか〟と考えてみる必要があります。それは「相手が理解しやすいように〝やさしい言葉〟を選ぶ」という面もありますが、結局は「心づかい」の問題に行き着くでしょう。

「正しく伝える」ためには、「正しい心づかい」が必要です。その「正しい心づかい」とは、平易な言葉で言えば「思いやり」です。また別の言い方をするなら、「一念一行仁恕《いちねんいっこうじんじょ》を本《もと》となす」（一つの念《おも》いも一つの行いも仁恕を本となす＝新版『道徳科学の論文』⑨三四〇ページ）という格言にあるように、「仁恕」です。人間の本当の魅力の一つがこの「仁恕」であり、どれほど相手の立場になって考えることができるかが重要になります。

権利には義務が伴う――義務先行は「手続き」をすること

冒頭で述べたように、若い世代はマナーやルールを含め、「人間としてどうあるべきか」ということを親の世代から教えられていないとすると、親の世代は教える自信がなかったか、さらにその親の世代が教えていなかったということになるでしょう。それは結局、戦後教育のしわ寄せが今になって表れてきているということではないでしょうか。特に権利主張の行きすぎや平等思想の履き違えについては、是正する必要があります。モラロジーの立場から、「権利には義務が伴う」ということ、特に「義務先行」ということを、もっとはっきりと伝えていきたいものです。

若い世代の人たちは、権利主張の教育をしっかり受けてきましたから、「義務を果たす」とか「義務先行」などと聞くと、反発しやすいものです。そこで、この問題を理解してもらうためには、最初に「手続きを済ませましたか？」と問いかけることから始めて、次のように諄々《じゅんじゅん》と説明するのがよいでしょう。何事も、なんらかの結果（利益、権利など）を得るには、それなりの「手続き」が必要だからです。

例えば、私が岐阜県の土岐市から、所用で大阪へ行くとします。そこで、土岐市駅で私が

「これからどうしても大阪に行きたい」と、いくら大声で叫んだとしても、誰一人、なんの援助もしてくれないでしょう。ところが、私が駅の窓口か自動券売機のところへ行って「お金を出す」という手続きをすると、「切符をくれる」という結果が返ってきます。名古屋から大阪まで早く行きたいときは、そのために必要なお金を出すという手続きを取れば、「特急券」が手に入ります。同様に、車内で確実に座るためには、またその分のお金を払うと「指定席」を確保してもらえます。

この「手続き」が、すなわち「義務を果たす」ということです。義務を先に果たせば、それ相応の権利ができ、目的を達成することができるのです。

それと同じように、人生も、幸せになりたいと思うなら、先に「幸せになるための義務」を果たす、つまり「幸せになる手続き」をしなければなりません。その手続きも済ませないで「幸せになりたい」と言って、いくらもがいてみても、幸せにはなれません。

もう一つ、例を挙げましょう。例えば今、「もう少しお金がほしい」と思っているとすれば、お金を手に入れるための手続きを取ればよいのです。いちばん簡単な手続きは盗むことであったとしても、ほとんどの人は泥棒《どろぼう》はしません。「なぜしないのですか」と問えば、「してはならないことを知っているから」と答えるでしょう。

ところが私たちは、こうした法に触れるような問題ではない場合、「これを行ってはならない」「こうすることが望ましい」ということを知識として知っていたとしても、自分中心の「本能」のほうに引っ張られて、なかなか「道徳」を実践できていないのではないでしょうか。――このように展開していけば、初めてモラロジーに触れる方にも理解していただけるでしょう。

幸せになるための「手続き」――先に相手の幸せを祈る

さて、「幸せ」とは、どういう状態を言うのでしょうか。その尺度は人それぞれでしょうが、一般的に見て、日々の生活の中で「私は、まあ幸せです」と言う人は、たいてい人間関係がよい人ではないかと思います。反対に「悩みがある」と言う人は、たいていの場合、人間関係で悩んでいることが多いのです。人間関係の基本は夫婦、親子、兄弟姉妹、親戚、友人、地域社会、職場と、大きく分けて七つくらいになります。そこで、これらの人間関係をよくすることが、幸せになる一つの「手続き」であると言えるでしょう。

また、幸せとの関連で、モラロジーの創建者・廣池千九郎博士は、人間の心づかいと行いについて、「善」と「悪」とを明確に分けています。簡単に言うと、「人を幸せにすること」

が善であり、「人を不幸せにしてしまうこと」が悪であるということです。ですから、直接的な手助けはできなくても、相手や第三者の幸せを祈るとか、幸せのために何かをすると誓うことは「善を積むこと」であり、自分が幸せになるための「手続き」の一つになると言えます。

また、「愛する人は愛される」とも言われるように、まず自分から相手の幸せを祈れば、周囲との人間関係はよくなり、それが自分の幸せにつながるのです。これはギブ・アンド・テイクということになりますが、なぜ自分から実践しなければならないかと言えば、私たちは多くの人々に支えられ、多くの人々に見守られ、そして大自然に支えられて、生かされて生きてきたからです。つまり、私たちはすでに大きな恩恵を受けている。言い換えれば、私たちには大きな「借り」があるのです。まずは一人でも多くの人に、この点に気づいていただく必要があります。例えば、食事ができること一つを取ってみても、多くの存在の「おかげ」であるということ――それを当たり前のようにしか受けとめない人と、それを感謝すべきこととして受けとめる人とでは、後の人生に大きな違いが出てきます。

私たちは、大自然をはじめ、国家、社会、先人・先輩などから受けている多くの恩恵に感謝し、その恩を返すという義務を果たすことで、幸せになる「手続き」をしたことになるのです。

「道徳実行の因果律」を深く理解する

学生たちの年代では、「因果応報《いんがおうほう》」という四字熟語を知らない人も多いようですが、一般の社会人になると、かなりの人が知っているようです。原因に応じて結果という報いが来ることを知っていながら、なぜ私たちは、その原因となる部分で、人に対してもっと善良な言動ができないのだろうか、と振り返ってみる必要があると思います。

また、モラロジーを正しく理解していただくためにも、今後、「道徳実行の因果律」をもっときちんと前面に打ち出して、伝えるようにしなければならないと思います。もちろん、因果律を持ち出して相手を責めたり、結果的に差別をしたりするなど、個人の尊厳を傷つけるような言動をしてはなりません。しかし、反省すべき点は反省したうえでその後を前向きに生きるための指針として、廣池博士が示された「道徳実行の因果律」の内容を、私たちは深いところで理解しておく必要があります。

教育の改革――モラロジー団体が果たす役割

思想の善導が必要（広く開発する）

今、モラロジーに関わる個人も、モラロジーの事務所活動も含めて、モラロジー団体がしなければならないことは、「思想善導」です。廣池博士は『道徳科学の論文』の中でも、次のように述べています。

モラロジーにおける最高道徳の実行に至っては、何人《なんぴと》もみなことごとく直ちにこれを実行し得るものではないのであります。故にモラロジー教育の第一歩は、学校教育においても、社会教育においても、まずモラロジーの原理を各人の理性に訴えてある程度までその理解を求むることを主とするのであります。これがすなわちいわゆる「思想の善導」であるのです。（新版『論文』⑧一二二ページ）

平易に言えば、「モラロジーの内容を一人でも多くの人に理解してもらえれば、社会も少しずつよくなっていく」ということではないでしょうか。

最近のモラロジー活動では、人心救済、つまり「深く救済する」という面が強調される傾向にあります。しかし、廣池博士は「広く開発して深くこれを救済す」（広く開発し、しこうして深くこれを救済す＝新版『論文』⑨三一三ページ）と、「開発」と「救済」の両面を教えてくださっていますから、今、この時期に私たちがなすべきことは、社会生活を営むうえで必要なものを教えることが求められている昨今の社会状況と考え合わせても、不足しがちになっている「広く開発」する、つまり「思想善導」をすることではないでしょうか。

教育基本法第十条を理解する必要あり

昨今は、教育の現場で何か問題が起こると、すぐに保護者が教師に対して「学校が悪い」とか「教育委員会が悪い」などと苦情を訴えることが非常に多くなりました。教師や保育士対象の勉強会でも、よくそうした悩みが聞かれます。そのようなとき、私がいつもお伝えしていることは、「教師も保護者も、お互いに教育基本法をもっとしっかり理解する必要がある」ということです。

教育基本法の第十条には、「父母その他の保護者は、子の教育について第一義的責任を有するものであって、生活のために必要な習慣を身に付けさせるとともに、自立心を育成し、心身の調和のとれた発達を図るよう努めるものとする」と書いてあります。つまり、教育基本法には、子供の教育については保護者にいちばんの責任があることが明記されているのです。

そこで、教師の立場にある人は、学校側にすべての責任を求めてくる保護者に対しては、この条文を提示して、「〝第一義的責任を有する〟とはどういう意味ですか」と問いかければよいのです。こうした保護者に対しては、もっと毅然《きぜん》とした態度でこれをきちんと説明すると同時に、「権利には義務が伴う」ということを理解してもらう必要があります。

感化の教育――親の人格・品性が大切

今の日本はさまざまな問題を抱えていますが、これは日本人自身の考え方と行動の問題です。政治や個人の問題もあるかもしれませんが、最も重要な点は、教育の問題でしょう。ですから、きちんとした教育体制を早く確立しなければならないと思います。

教育というのは、「被教育者に対して意図的に働きかけていく」という大原則があります。そのうえで、被教育者を、より望ましい方向に変化させていけるかどうかは、教育のあり方次第です。そこで、何をもって「望ましい」とするか、その内容が非常に重要になってくるのです。

現在は初等教育から「権利の主張」を望ましいものとして教えているようですが、そうではなく、本来の「人間としての正しい生き方を求める姿」を望ましいとすることが必要です。そこで「人間形成に作用する、すべての精神的影響」が重要になります。その「精神的影響」こそが「感化」ということになります。

その感化を与えることについて、廣池博士は二つのことを述べています。一つは、意図的に感化を行うもので、「集団的な教育法」です。もう一つは、一対一の人格的感化で、これは「個人的教育」になります。モラロジー教育では両者とも大切にしますが、特に重視するのは、後者の人格的感化による個人的教育です。『道徳科学の論文』には、次のようにあります。

正式の学校教育もしくは普通の社会教育にて団体的に人間を教育する場合においては、人間を知的に開発してその思想を善導することは出来ますが、それはある程度までのことであって、その人間の心を根本から救済することは従来における団体的集合教育では難いところがあるようです。ことに最高道徳は深邃《しんすい》微妙なる宇宙の原理でありますから、これを人心に徹底さすることはいっそう難いのであります。

そこで、最高道徳における人心救済は学校教育もしくは従来における社会教育の団体的教育法によらず、個人的教育法によるのであります。すなわち真の最高道徳の実行者にして神に救済されたる人が、ある他の人に対し親しく卓を囲みて、徹底的に回を重ね、諄々としてその人の心をその相手方の心に伝えて感化するのであります。（新版『論文』⑧一九五ページ）

この「意図的に働きかけながら、望ましいほうに変化させる」という教育を行う場は、家庭であり、学校であり、職場であるのです。そして、先にも述べたように、最も基本になるのが家庭における働きかけです。したがって、親の持っている考え方が子供の教育を左右するわけですし、何より親の人格的な側面、つまり「親の品性」が非常に重要です。そこで、モラロジーによる品性の学びが必要になるのです。

人間関係の回復

ここまで、主に個人に関する事柄を中心に述べてきましたが、次に、集団に関することに目を向けてみましょう。まず、「個人」が集まって「集団」が生まれます。「集団」の基本となる最小単位が「家庭」や「職場」であり、それらが集まって自治会などの「地域社会」ができ、さらにその次に「社会」ができて、「国」ができるわけです。

そこで、「集団」の始まりである「家庭」と「職場」が「地域社会」や「社会」のためにしなければならない「手続き」は何か、ということが問われます。その手続きの善し悪しが、その集団がよくなっていくかどうかの分岐点になるわけです。

例えば「家庭」が集まって、昔風に言えば「隣組」のようなものができます。そこではまず、近隣との人間関係が問われます。いわゆる「向こう三軒両隣」が、互いによい人間関係を結んでいけば、その地域全体に温かみが生まれます。職場でも同様に、人間関係をよくすることは重要です。

最近の大都会では、家庭と家庭の間どころか、極端な場合は、家庭の中の「個人と個人」の間が切れてしまっている場合もあるでしょう。人は集まっていても「家庭」とは言えないような状態であったり、職場も単に「仕事をするだけの場」となって、心のふれあいがない集団であったりしては、はなはだ危険と言わざるを得ません。人と人との人間関係の回復が急務と言えましょう。

知識から道徳へ——道徳は心の問題

人間関係は、結局、個人の心づかいや言動がつくり出すものです。そこで、一般に人間がどういう傾向を持っているかを振り返ってみると、先にも述べたように、私たちは「道徳」を知識として知っていても、「本能」として、つい自分中心の考え方に陥る傾向にあります。それは、知識と道徳の間がうまくつながっていないからです。

そこで、知識を踏まえて道徳を実践していくには、廣池博士が書き遺《のこ》しているように「知徳一体」「情理円満」が必要です。知徳一体の状態になれば、知識が道徳に入り込んで、深まっていきます。その状態になると、普通道徳の世界（常識の世界）から、もう一段上の「高等円満な常識」の世界に移っていくことができるのではないでしょうか。

そうすれば、普通道徳を超えて、最高道徳的な事柄を理解できるようになり、「ああ、道徳は心のあり方の問題なんだ」と気づくことになります。その点に気づいてもらえるように導くことが、モラロジーを学ぶ私たちが教育活動（人心の開発救済）を行うときの、一つの醍《だい》醐味《ごみ》であろうと思います。

そして、道徳は心のあり方の問題ですから、やはり家庭での心の教育が重要になるわけです。

考えてみると、人間にとっていちばんの安住の場所とは「母親の胎内」ではなかったでしょうか。私たちは、誰もが「あそこへ帰りたい」という潜在意識を持っているのかもしれません。この「帰ることはできない安住の場所」を現実の世界に具現したものが、「明るく温かい家庭」ということだと思うのです。

そうした家庭をつくるために必要なことは、結局、元へ戻って「道徳は家庭から」の実践でしょう。家庭の中の人間関係、つまり夫婦関係と親子関係をよりよくしたうえで、その家庭の中でしっかりと子供を教育していくことが重要なのです。

【モラロジーと私】

実行が自他をはぐくむ

モラロジー研究所顧問・参与・社会教育講師

菅《すが》澤《さわ》運《うん》一《いち》

（東京都江東区）

昭和十一年（一九三六）、東京都に生まれる。父・運勇氏が創業した山屋食品興業所（現・山屋食品株式会社）を継ぎ、四十六年から代表取締役社長。平成十八年（二〇〇六）、旭日双光章受章。父の勧めでモラロジーを学び始め、江東モラロジー事務所代表世話人、東京都モラロジー協議会会長、モラロジー研究所常任監事・評議員等を歴任。現在、同研究所顧問・参与・社会教育講師。

モラロジーとの出会い

父・運勇《うんゆう》が郷里の福島県から上京したのは大正五年、二十歳のときでした。当初は米屋を営んでいた兄のもとで商売を手伝っていたそうですが、昭和二年に独立します。私が生まれたころには持ち前の正直さと明るさで取引先を増やし、多いときには一日で百俵もの米を販売していたようです。戦争の影響で自由に商売をできなくなってからも、四十数軒の貸家を持っていたため、生活に不安はなかったのですが、子供たちが学童疎開によってばらばらになるのは忍びないということで、昭和十九年に一家そろって疎開することになりました。

疎開先の千葉県鎌ケ谷市では、家族で約九千坪の畑を耕す、自給自足の生活が待っていました。特に初めの一年間、無事に収穫できるまでは本当に苦しかったことを覚えています。父と母・けさのは、私たち八人きょうだいを食べさせるために、朝から晩まで畑仕事に精を出しました。私も朝食の前に土手の草を刈り、牛に飼料をやってから学校へ行ったものです。

〝両親に楽をさせてあげたい〟――長男としての責任感からか、幼心に抱いた思いが、その後の私の人生の指針となっています。

戦争が終結してしばらくした昭和二十五年、わが家は再び上京しました。父の〝商売でもうひと花咲かせたい〟との思いからです。食生活が洋風化することを見越した父は、家を貸していた方の一人と共同で、現在の清澄町（江東区）でソースの製造・販売を始めたのでした。

しかしながら、共同事業は一か月で解消しました。その方にはソース製造の経験があったことから、父が仕入れてきた材料、さらには帳簿をくまなくチェックしていたのです。父は「私を信用しない相手と商売はできない」と、設備と土地を無償で差し出し、別の工場を造って、単独で製造を始めました。

とはいえ、父はソースづくりの「ソ」の字も知らないほどのど素人です。知識がないゆえソースをつくっては腐らせ、返品に次ぐ返品を繰り返しました。営業に出向いても「山屋」という名を聞くのは初めてという人がほとんどで、品質も他社より劣ります。そんな製品を買ってくれる人など、ほとんどいませんでした。

会社が存続の危機にある状況下、お金がないために私も中学校の修学旅行を断念し、弟妹の世話に明け暮れる日々を送っていました。そして高校生（夜間）になると、働き手として駆り出されるようになりました。

思い出されるのは、原料を求めてよく父と秋葉原の市場に出かけたことです。買いつけた品物を百キロほどリヤカーに積み込み、引いて帰るのですが、急な坂道だと重くて登ることができません。父の後押しを受けながら、山歩きのごとく斜めに歩くことで、少しずつ坂道を上《のぼ》ったものでした。

社員総出で品質の向上に取り組み、経済的に多少の余裕が出始めると、私は全日制の高校に転校しました。周りより勉強が遅れていたので、その分を取り戻すために家でもやろうとするのですが、懸命に働く父たちの姿が目に入れば、どうしても仕事を手伝ってしまいます。そこで暗くなるまで学校の図書室で勉強をして、分からないことがあれば先生に教えを請う日々でした。

菅澤家がモラロジーと出会ったのは、そんなときでした。昭和二十九年、父が六十歳のときに、同業者から伝え聞いてきたのです。元来信心深く、宗教にも興味を持ってきた父でしたが、「原因がなければ結果はない」という教えが胸に響いたようでした。これまでの苦労は、自分中心に生きてきた結果ではないか。そう反省した父は、モラロジーを継続して学ぶことを決意し、さらに「正直な商売」を志します。仕入先に不当な要求をせず、自身はよりよい品づくりに精を出す。それこそが取引先や社員はもちろん、家族、さらには自身を幸せにするいちばんの道である。この父の志は「（一）人材の育成、（二）品質の向上、（三）社会への貢献」という会社の基本方針として、今も受け継がれています。モラロジーによって、わが社の基盤は築かれたのです。

また父は、家族はもちろん、社員全員にモラロジー研究所の本部（千葉県柏市）で講座を受けることを勧めました。私も昭和三十二年、二十一歳にして初めて受講する機会に恵まれます。頑固で厳しい父に逆らうことができなかったというのもありますが、家族の生活のために苦労する父の姿を幼いころより見てきたからでしょう、〝父が勧める学問ならば間違いはない〟と、抵抗することなく勉強を始めたのでした。

それ以降、モラロジーを通じて出会った同年代の先輩方と行動を共にするようになりました。若き日の鈴木淳一《すずきじゅんいち》さん、阿部榮次《あべえいじ》さん（共にモラロジー研究所参与）たちに連れられ、近隣で行われるモラロジーの研究会や本部講座へのお誘いのため、町内を訪ねて回ったものです。

ただ一つ、青年時代にモラロジーに疑問を抱いていたとすれば、「自我没却」という教えでしょうか。人生これからという時期に自我をなくしてしまったら、なんの意思も持たない、夢のない人間になってしまうのではないか——恥ずかしながら、そんな心配をしていた私でした。

悲運と承継

父の地道な営業活動により取引先は増え、ようやく事業が安定し始めたとき、菅澤家に試練が訪れます。昭和三十二年から三十三年にかけて、妹・美津子《みつこ》と弟・勇治《ゆうじ》が立て続けに病魔に襲われ、この世を去ったのです。どちらも十五歳という若さでした。家族みんなが悲嘆に暮れる中、特に両親は本当に落ち込みました。

「子供は多くても、皆死んでしまったらなんにもならない」

そう漏らした母の心情を推し量ると、今でも胸が痛みます。

とりわけ父は、みずからを責めました。これも、親である自分の不徳によるものだ……と。そしてこれを機に、モラロジーをいっそう熱心に学び始めました。このような出来事を二度と繰り返してはならない、自分と同じ苦しみを誰にも味わわせたくない、その一心だったのだと思います。「モラロジーを学び、最高道徳を実行することで運命は変えられる」との教えをみずからに言い聞かせ、親族の住む鎌ケ谷市や故郷の福島県など東日本各地を回り、自身の体験を吐露しながら、教育活動に力を注ぎました。こうして会社の業務から徐々に離れたことで、昭和三十八年、私は専務取締役に就任することになりました。

会社の実質的なかじ取りを任され、〝山屋を大きくするんだ〟と意気込んでいた二十七歳の私でしたが、早速二か月目に厳しい現実に直面しました。トマトケチャップとソースを製造する機械を新たに購入すべく、銀行へお金を借りに行ったところ、まったく相手にしてくれないのです。売上げは順調に伸びていたとはいえ、それまでに銀行からお金を借りたことがなかったため、信用してもらえなかったのでした。

仕方がないので中小企業金融公庫（現・日本政策金融公庫）を頼ることにしたところ、「ここ三年間の実績を書類にして持ってきなさい」と言われました。暮れも押し詰まった冬の寒い日、社会の厳しさを痛感しながら、結婚したばかりの妻・とくと書類づくりに夜明けまで没頭したものです。結局、正式に借りられるまでには、半年の期間を要しました。今でもその書類は、大事に保管しています。

成功と慢心

その後、食生活の洋風化に伴ってケチャップやソースの需要は高まり、お金を借りて設備を充実させたかいもあって、売上げは年々倍増していきました。昭和四十年に株式会社となり、その二年後には事業の拡大によって増資するなど、事業を承継した当初の苦労が嘘のように波に乗りました。

そんな中、私はモラロジーも継続的に学んでいました。そのうち、取引先から経営上の相談を持ちかけられるようにもなりました。「昨年入社した社員が全員辞めてしまった。どういう教育をすればよいのか」と問われれば、「社員を道具として使っていませんか」などと、自身が学んだばかりの内容を得意げに受け売りしたものです。モラロジーに興味を持つ方がいれば、研修施設に案内し、同行受講もしました。「これはよい学問だ」と感謝された暁には、頬《ほお》を緩めました。

今にして思えば、この際の考え方がいけませんでした。私は、取引先にも指導ができるまでの「力」を身に付けたのか――。そんな優越感が頭をもたげました。モラロジーを学び、その教えを他者にも説くことで、自分は「人心開発救済」を実行している。だから物事はうまく運ぶのだ。そう有頂天になってしまっていたのです。

人生を変えた一言

そんなある日、私はモラロジーの勉強会で、体験発表をする機会を持ちます。

「わが社は、こんなにも立派になりました――」

若くして経営を任され、その業績は右肩上がりでした。それなりに苦労はしたものの、とんとん拍子に成功を収めた自身の体験を誇らしげに語り、満足して壇を下りましたが、そこに先輩からの思いもかけない一言が待っていました。

「『菅澤君の話は高慢に聞こえる』と、皆さんが言っています。気をつけたほうがいいですよ」

「高慢」とは、最も聞きたくなかった言葉でした。モラロジーでは高慢であることを、厳しく戒めているからです。自分ではそんなつもりはありませんでしたから、ハンマーで頭を殴られたような衝撃を受けました。

なぜそう見えてしまうのだろう。後日、友人に相談すると、こんな答えが返ってきました。

「もしかしたら、あなたはすべてを自分の力で成し遂げたかのように話していませんか」

確かにそのとおりでした。安定して成長する会社を築いたことで取引先から羨望《せんぼう》のまなざしを向けられ、さらにはモラロジーを紹介した相手から感謝されるようにもなり、いつしか「会社の繁栄は私の努力の結果だ」「あなたの幸せは私のおかげだ」という、尊大な考えを持つようになっていました。

そう自覚すると同時に、ある疑問が浮かびました。

〝私が高慢に見えるのは、社長という社会的に「力」のある立場にいるからではないか〟

モラロジーの創建者・廣池千九郎博士は「力」について、どうおっしゃっているだろう。そう考え、『道徳科学の論文』をめくりました。すると、こんな一節が目に留まりました。

事業の成功に必要なる人間の力〈学力・知力・腕力・脳力及び体力の類〉を涵養《かんよう》しておくことと、その力を用いて一切の事業に努力することのごとき、（中略）最高道徳にては決してこれを道徳上の妨害とは見なさぬのみならず、多ければ多いほどますますこれを尊ぶのであります。（中略）いかに人間に至誠心があっても、これを表現する場合には、結局その人間の力に依拠せねばならぬのであります。（新版『論文』⑦三五ページ）

力を持つことは、よいことなのだ。そう安心したのも束の間、こうもあります。

人間の力は後に至るほど強大となるものでありますから、力をもって立つものは幾ほ

どもなくその光を失うのであります。（新版『論文』⑨一四二ページ）

社会的な力はあってもよいが、その輝きは一瞬である――。私が歩んできたのは、経済成長の恩恵を受けて業績を上げる企業が、次から次へと出てきた時代でした。わが社が大きくなったのも、決して自分の力だけではなかったのです。

しかしながら、世の中の移り変わりに伴って幾ほどもなくその光を失い、会社を倒産させてしまっては、社員や家族をも路頭に迷わせることになります。それだけは避けなければなりません。これからの私は、持てる力をどのように発揮すればよいのか。それも、高慢にならずに。その答えを、次の一節が示してくれました。

その人の力を用うる場合に道徳を含むこと多量なるものにおいては、その子孫世に顕《あらわ》れて栄え且《か》つ永続するのであります。（中略）しかるに道徳は人間の力と異なりて、前に行うものほどその徳が大きいのであります。（新版『論文』⑨一四二〜一四三ページ）

社長という立場だからこそ持てる力を、道徳的に発揮する。そうしてこそ会社を存続させ、人々を幸福にすることができるのだ――そう確信しました。

同時に、私の脳裏に父の顔が浮かびました。「商売で身を立てる」と一念発起して会社を興すとともに、モラロジーを学び、各地で教育活動に奔走してきた父なくして、今の私はあり得ませんでした。自分の力など、微々たるものです。会社の礎《いしずえ》を築き、モラロジーを教えてくれた父、理解ある取引先、献身的に働いてくれる社員……。自分を支えてくれる存在があってこそ、私は社長としてここに立っていられるのです。それなのに「おかげさま」という感謝の心を忘れて、すべては自分が成し遂げたかのように思っていたのですから、高慢以外の何物でもありません。

モラロジーを学んではいても、物事に成功した際は、つい自尊心が大きくなってしまいます。だからこそ、こうした一節を胸に刻み、「慈悲寛大自己反省」を常に心がける必要があるのだと思います。

実行によってはぐくまれ

昭和四十六年、私は三十五歳で社長に就任しました。その二年後、念願だった本社ビルの建設に着手します。オイルショックが世間をにぎわせた時期でした。建設には当初の予定以上にお金がかかってしまいましたが、途中で放り出すわけにはいきません。どうにか一年後、無事に竣工《しゅんこう》の日を迎えることができました。

大変なのはそれからでした。ビルを建てている間は、勢いそのままにお金をつぎ込みましたが、完成してみると、その埋め合わせをする必要性をじわじわと感じ始めたのです。かつて銀行との折衝に苦労をしたこともあって、お金の出入りには敏感になっていましたから、毎日収支の計算をしては、ため息をついていました。

しかし、そんな私に新たな道を示してくれたのも、モラロジーです。

自己之力以上若《も》しくは力一杯之事業を為す人は、最高道徳にて所謂《いわゆる》誠の人ではない。（中略）力以上の仕事には無理が出来るから。（『廣池千九郎日記』④八六ページ）

ビル建設の際の支出を、無理をしてでもすぐに埋め合わせようとすれば、自身はもちろん社員や取引先にも過剰な要求をすることになり、結局は皆を傷つけることになるのではないか。力以上の仕事をしてしまったことを反省し、今後はできる範囲で、最善を尽くしていけばよい。そう考えを改めると、気持ちがずいぶん楽になりました。その後、社員があらゆる面で私を援助し、経費の削減にも協力してくれたおかげで、資金繰りに窮することはなくなりました。

思えば、二十一歳で初めて講座に参加してからこのときまで、私はモラロジーの勉強はすれども、人のためになるようなことはほとんどしてこなかった気がしました。「モラロジーは実行が基本であり、生命である」と言いますから、自分がこうして助けられてきた分、今度は周囲の方々へ恩返しがしたいと考え、昭和四十九年に『ニューモラル』の配布を始めました。毎月千三百部ほど購入し、〝いつもわが社をご愛顧いただき、ありがとうございます〟という日ごろの感謝の気持ちを込めて、取引先を中心に郵送するのです。

「内容が非常によい」と電話をくださる方もいましたが、当初は「また来たか」とすぐに処分してしまう方が少なくなかったと聞きます。以前の私ならそのような方々を恨んでいたかもしれません。でも、こう考えるようにしました。

〝お客様のおかげで、わが社もここまで成長することができました。一ページでもめくり、よく生きるヒントを見つけていただければ幸いです〟

『ニューモラル』を読んでくれないという一面だけで、相手を批判的に見るのは簡単です。そうではなく「大事なお客様の一人」として考えれば、おのずと感謝の心がわいてくるものですし、これが、私が今日まで配布を続ける原動力となっています。

昭和五十九年には江東モラロジー事務所の主任（現在の代表世話人）を拝命しました。本社の会議室を開放し、勉強会や会食、さらには維持員の誕生日会など、モラロジーを学ぶ場と親睦の場を数多く持ちました。当初は参加者がなかなか集まらず、〝これも主任の務めだから〟と、そのような会を義務的に開くこともありました。

ただ、回を重ねるにつれ、心境は変化していきました。「勉強になった」「来てよかった」と満足げに帰られる参加者を見て、胸が熱くなるのです。これこそ人の役に立つ喜びなのだと思います。参加してくださる方々との距離が縮まるにつれ、彼らをもっと幸せにできないか、もっと多くの方を幸せにしたい、そう考えるようになりました。

会の終わりに「おかげさまでこんなに多くの方が集まりました」と感謝の弁を述べる私のもとに、後日、手紙が何通か届きました。「先日はたいへんお世話になりました――」。言葉にできないくらいの喜びがこみ上げてきました。人の笑顔、喜ぶ姿を見るのが、いつしか何よりもうれしくなっていました。「我《われ》以《い》外《がい》皆《みな》我《わが》師《し》」（吉川英治）という言葉がありますが、人を育てているつもりが、私が育てられていたのです。

この間、会社も順調に成長しました。それもすべて、モラロジーをもとに父が掲げた会社の基本方針のおかげだと思います。月に一回のモラロジーの社内勉強会を始めて、五十年以上が経ちます。近隣に住む講師をお呼びして講義をしていただくのですが、自由参加にもかかわらず、今も多くの社員が集まってくれます。そこでの学びをもとに、社員たちは取引先の企業へ製品を納めに行った際は冷蔵庫の霜を拭き取ったり、倉庫を整理してお客様が商品を取り出しやすくしたりと、みずから他者のためを思って行動してくれています。移り変わる景況により、売り値を上げることを余儀なくされても変わらずご愛顧いただけるのは、そうした社員たちの行動により、本物の信頼関係が構築できているからだと思います。

社員にはそれぞれ個性があります。仕事が早い者もいれば、遅い者もいます。伝えたことを一度で理解できる者もいれば、そうでない者もいます。そうした一面だけをとらえて優劣をつけるのは簡単ですが、一見劣っているように見える社員でも、実は後輩の指導に熱心だったり、かなりの親孝行者だったりと、必ずよいところがあるものです。短所の裏側にある長所を見て、それを本人に伝えることで、伝えられた側は自信がつくでしょうし、伝える側も「他者を肯定する」という実践ができた分、人間的に成長していけるように思います。

そうした社員への感謝と〝私も負けていられない〟との思いから、私自身も平成八年より毎朝五時から二時間半かけて、ごみの分別活動を行っています。社員が取引先から回収してきた製品の空きビンや空き缶などを、資源として再生しやすいよう分別し、リサイクル業者に渡すのです。

あるとき、区役所の職員が「なぜ山屋はごみが少ないのか」と調査をしに来たことがありました。不法投棄を疑ってのことだったのだろうと思いますが、きれいに分別し、リサイクルに回す様子を見て、「ここまでしているのか」と感心されました。世の中の役に立てている という実感と、出社した社員が、整備された環境で気持ちよく働いている姿に、〝また明日もやろう〟という活力がわいてくるのを感じます。

教育は相手によって成り立つもの

心づかいを変え、〝お世話になった皆様への恩返しに〟と思って始めた行動により、私は人の心をはぐくむ喜びと、はぐくんでいただける喜びを知ることができました。それだけで本当に感謝すべきことなのですが、数年前、さらに喜ぶべき出来事がありました。

東京都モラロジー協議会会長（平成十四年〜二十三年）を務めていたころに始めた皇居勤労奉仕でのことです。毎年、都内のモラロジー研究所の維持員から参加者を募るのですが、その中に「山屋食品から『ニューモラル』を送ってもらったのをきっかけに維持員になった」という方がいらっしゃったのです。「モラロジーは実行が基本であり、生命である」――。そう信じて「おかげさま」の心で行動することを志して、三十年以上。感謝の心を込めて蒔《ま》いた〝道徳の種〟が、芽を出していたのです。

人の心を変えようと思ったら、今日、明日で成果が出ることを期待してはいけません。なぜなら教育とは、相手の心によって成り立つものだと思うからです。こちらがいくら説き伏せても、相手の感じ方はそのときの気分や環境に左右されます。強制するのは簡単ですが、それを実行するかは相手次第。だからこそ、継続が必要です。〝この人はだめだ〟と投げ出したら、そこで終わりです。なんの説明もしなくとも、誰かがどこかでよい影響を受けているかもしれません。私が『ニューモラル』を配布し続ける理由はそこにもあります。だからこそ〝やってやる〟ではなく〝させていただく〟との謙虚さをもって心を鎮《しず》め、根気よく物事を続ける必要があるのです。そうした姿勢に、人は感化を受けるのではないでしょうか。

心が折れそうになった日もあります。でもそんなとき、そばにはいつも、熱心な働きぶりで会社を支えてくれる社員や、モラロジーの勉強に精を出す事務所の方々がいました。彼らの実行に励まされ、今一度身を奮い立たせたものです。私も、他者の実行により心を動かされた一人なのです。

「自我没却」についても触れておきたいと思います。若いころはその意味を理解できず、個性が埋没することを恐れていました。でも他者の幸せを優先して行動する中で、私はいつしか、他者の幸せを自分の幸せと思えるようになりました。結果、今では信頼できる取引先、主体的に働いてくれる社員、何かと頼りにしてくださる事務所の方々、そして家族に囲まれ、心豊かに生きることができています。「自我没却」とは、金平糖の表面を丸くするために突き出した部分を削るのではなく、くぼみを埋めていくようなものだと思います。凹凸《おうとつ》を「負」とするのではなく、それをも糧にすることで、人はより大きく成長していけるのではないでしょうか。

よりよい未来へ向けて

振り返ってみれば、家族から受けてきた恩恵を抜きにして、私を語ることはできません。まず、私の人格を形づくったと言ってもよい父。こうしてモラロジーを学び、経営者としてそれなりの成果を残すことができたのは、父と祖先が培った徳のおかげです。平成元年に九十六歳で天寿をまっとうした父ですが、実は二人の子供を亡くしてから、七十七歳で鎌ケ谷市に移住するまでの十五年間、モラロジーでお世話になった先輩のいる深川（現・江東）事務所へ通い続けていました。各地で多くの方の教育に力を注ぐ反面、最も身近にいる恩人への感謝の心を忘れず、何か手伝えることはないかと、雨の日も雪の日も足を運び続けたのです。そうして父がいつも見本を示してくれていたからこそ、今の私があるのです。

次に母についてです。疎開先での苦しい生活の中、私たちきょうだいのために年中、畑で作物づくりに精を出した姿が脳裏から離れません。昭和四十九年に本社ビルを建設したのは、〝苦労をかけた母を喜ばせたい〟との思いもあってのことでした。母は完成の一年前に病に倒れ、ビルを訪れることはできませんでしたが、入院中に完成の報を聞いて、たいへん喜んでくれました。その笑顔を私は生涯、忘れることはないでしょう。

最後に、妻についてです。社員の食事の用意に奮闘し、自分の分は我慢したこともあると後から聞いたときは、胸が痛みました。モラロジーの会合で家を空けることが多かったため、子育ても任せきりで、寂しい思いもさせたことでしょう。それでも自身の苦労はおくびにも出さず、今日までついてきてくれました。感謝してもしきれません。たまに愚痴をこぼしながらも、なんだかんだで送り出してくれるその寛容さに、私は支えられているのです。

来年で喜寿を迎える私ですが、品性完成への道のりはまだまだ続きます。私を生かし、支えてくれているすべての恩恵に感謝し、謙虚に「おかげさま」の心で、これからもモラロジーを支えに歩んでいく所存です。

【モラロジーと私】

学び続ける力の源

――初心忘るべからず

モラロジー研究所参与・社会教育講師

谷藤英夫《たにふじひでお》

（兵庫県尼崎市）

昭和十年（一九三五）、兵庫県に生まれる。夜間高校卒業後に就職した鉄工会社で縁を得て、昭和三十一年よりモラロジーを学ぶ。退職後に損害保険会社の研修生となり、昭和五十三年に独立、有限会社ジョイ代表取締役。尼崎モラロジー事務所代表世話人、兵庫県モラロジー協議会会長、モラロジー研究所評議員等を歴任。現在、モラロジー研究所理事・生涯学習本部副本部長（近畿・中国担当）・参与・社会教育講師。

心の原風景

昭和三十五年の春、『れいろう』を開いた私の目に、「初心忘るべからず」というモラロジー研究所の廣池千英所長（当時）の巻頭言が、妙に印象深く飛び込んできました。

人は誰しも初めて事に当たるときは、非常な感激と情熱とをもって真剣さに包まれております。しかし、いったんそれが成就し、かつ時が経つにつれて「コツ」を覚えてきますと、だんだんと心がゆるみ、情熱は薄れて安易感に陥り、要領のいい人間になってしまいやすいものです。（中略）世阿弥《ぜあみ》は「初心忘るべからず」と申しましたが、私ども凡人はたとえ一時、心のゆるみはあっても、終生初心を忘れず、さらに研鑽《けんさん》を積み、至誠を新たにし、また新たにして進みたいものです。（『れいろう』昭和三十五年四月号）

当時、私は二十四歳。念願叶ってモラロジー研究所の維持員となった半年後のことでした。これはまさしく、私にとっての「天の声」であったと思います。以来五十余年、折に触れてこのお言葉を思い起こし、心の励みとしてまいりました。

さて、私がモラロジーとのご縁を得たのは終戦後間もないころ、疎開先の徳島県でのことです。

昭和十九年に父が出征。わが家のあった神戸の街にも、空襲の危機が迫っていました。小学校三年生の私を筆頭に三人の幼子を抱えた母の窮状を見かねて、父方の伯母夫婦は私を徳島へ引き取り、親身になって世話をしてくれました。遅れて母と弟たちも、同じ徳島県内にある母の実家へ身を寄せます。神戸が大空襲で焼け野原になったのは、その直後でした。

昭和二十年の四月二十九日、父はフィリピンのマニラ沖で戦死しました。終戦後にその戦死公報を受け取った母は、絶望の淵で懸命に生きる道を模索し、勤め先のご縁でモラロジーに出会ったのです。また偶然にも、私を預かってくれていた伯母の一家もこのころからモラロジーを学び始めます。伯母が研究会に行くときは「田舎の夜道は寂しいから……」と言うので、私も話の内容は分からない年齢ながら、よく一緒に出かけたものです。

近年、私はモラロジーの活動に伴って、感慨深い体験をさせていただきました。たまたま出講先の松山から広島へと船で渡った際、亡き父が日本を後にするときに見たであろう、呉沖の景色を偶然にも目にすることができたのです。

「ご近所の人々にかわいがっていただくことが何よりですよ。私もとてもよい班長さんと一緒に軍務に精励しておりますから、安心ください。ですから、十分に留守のことはよろしくお願いします。殊に身体の弱いお前さんのことなれば、決して油断なく、しっかりと軍人の妻として家を守っていきなさい……」

これが、海軍軍人として死を覚悟した父から母に宛てた、最後のはがきでした。表面には「呉局気付」とあります。

三十六歳の父が妻子を置いて祖国日本を離れるとき、どのような思いであの山、あの島、あの海を眺めたのか。また、家族という「私」を背にしつつ、国という「公」に尽くした父の「背私向公」の姿――。考えると、今でも胸がいっぱいになります。あるいはモラロジーとのご縁も、亡き父が私たちの幸せを願って遺《のこ》してくれたものであったのかもしれません。

私自身が「出世する」とか「お金が儲《もう》かる」といったことではなく「一生をかけて品性を高めていく」というモラロジーの教えに魅力を感じることができたのも、やはり親祖先が善を積んで徳を残してくれたからこそ「そのように導かれた」ということだと確信しています。

運命の再会

中学卒業と同時に伯母の家を出た私は、大阪のガラス会社に就職しました。中学時代の担任の先生の勧めで、教師になるという夢を抱いて夜間高校にも通い、卒業時には学芸大学（現在の大阪教育大学）の夜間部を受験しました。

ところが結果は不合格。百二十五番という受験番号は、今でも忘れることができません。〝私はどうしてこんなに悪い星の下に生まれたのか〟と失意落胆しました。

それから必死で職を求めていたところ、昭和三十年の暮れになって、親戚の紹介でどうにか尼崎の鉄工会社に就職することができました。面接で「わが社の金看板の職場に行ってもらう」と言われ、ドキドキしながら配属の日を迎えました。

そこは船舶用の、重さにして五トンもあるクランクシャフトの製造現場でした。巨大な鉄の塊を一晩かけて重油で焼いた後、千トンの圧力をかけて形を整えていくのです。真っ赤に焼けた鉄からほんの数メートルのところで働くので汗が噴き出し、それが乾けば塩を吹いて、シャツは糊《のり》のきいたような状態になるほどです。作業に使う道具でも、自分の体重より軽いものは一つとしてありません。毎日重労働でクタクタになり、そのうえ周囲は職人肌の人ばかりで人間関係も難しく、人が次から次へと辞めていく職場でした。

そんなある日、工場長を務めておられた浅野《あさの》巳由《みよし》さん（元モラロジー研究所参与、故人）のお義母様が、私たち独身者が住む寮を訪ねてこられました。そして、一部屋一部屋を回っておっしゃったことは「今晩、うちでモラロジーというお話がありますから……」と。重なる不思議なご縁に驚いた私は、ほかの皆がしぶしぶといった様子の中、ひとり喜んで出かけます。以来、懐かしい思いもあって、積極的にモラロジーを学び始めました。これには母や伯母たちも喜び、遠い徳島の地から応援してくれました。

当時の私は西宮モラロジー事務所でお世話になり、月に何回かは宝塚や伊丹、芦屋の家庭座談会にも出かけていきました。事務所の先輩方は私を育てようという思いから、講習会の手伝いや座談会での体験発表の当番なども、早いうちから当ててくださいました。ただ話を聞くより、自分が主体となる場を与えられると、使命感を持って取り組みますし、かえって学ぶことも多いものです。

それでも、職場の皆が残業をしているときに「今日はちょっと用事がありまして……」とは、なかなか言い出せません。特に座談会の当番をいただいている日は、遅れるわけにはいきませんから、時間が迫ってくるのを感じながら、いてもたってもいられない気持ちになるのでした。

仕事を終えると、夕食をとる間も惜しんで阪神電車に飛び乗り、西宮へと向かいました。事務所の最寄り駅からは、夙川《しゅくがわ》沿いに一キロほどあるのですが、重労働の後でも苦にはなりませんでした。浅野工場長をはじめ、先輩方の激励に応えなければという思いもありましたが、義務感からではなく、本当に前向きな気持ちで続けることができたのです。そんな私のことを、先輩は当時のプロ野球選手になぞらえて「八時半の男」と呼びました。

ある先輩の至誠

やがて、浅野工場長が「谷藤君の親孝行のために」と言って社長に頼んでくださり、独身では入れないことになっている社宅を、特例で貸していただけることになりました。そこで徳島に残っていた母と弟たちを尼崎へ呼び寄せて、ようやく家族がそろって暮らせるようになったのです。

わが家の家庭座談会は、この社宅で始まりました。独身の私が自宅で座談会を開く気になったのは、小西章一《こにししょういち》さんという先輩の「家庭座談会を開きなさい。まず私が行ってあげよう」との、力強い励ましがあってのことでした。小西さんは、道徳科学専攻塾が開設された昭和十年に別科第二期生として学ばれており、事務所の責任者であったお兄様と共に、この地域の教育活動の中心を担われた方です。私たちは「小西先生」と呼んで慕い、西宮の

「小西印刷」の二階に設けられた事務所へ足繁く通ったものです。

そして昭和三十四年、私は事務所の「偲《しの》ぶ会」（現在の「感謝の集い」）で、初めて体験発表をさせていただくことになりました。

当時の私は人前で話をすることが大の苦手で、司会の方が「ただいまから……」と言っただけで顔が真っ赤になっていたほどです。それでもなんとか十五分間ほどの発表を終えると、「谷藤さん、小西章一先生がお呼びです」という声がかかりました。

その方の後について会場を出ると、会場から引っ張ってきたマイクのコードが足元に延びていることに気づきました。それはずっと先まで続いているようです。やがてコードが引き込まれた離れ座敷の前で立ち止まると、案内してくださった方は「先生、谷藤さんをご案内しました」と言って、障子を開けました。

実は当時、小西先生は重い病を患っており、その部屋で横になって養生しておられたのです。中に入ると、大きな電気蓄音機とベートーベンの交響曲第五番『運命』のレコードが目に入りました。そのジャケットに描かれていた、大きく翼を広げた鳥の姿が、今でも目に浮かびます。先生は闘病生活の中で、この曲に励まされながら心をしのいでおられたのでしょう。

小西先生はゆっくりと寝返り、こちらを振り向かれると、こうおっしゃいました。

「ああ、ご苦労さんでした。今日のお話はよかったと思います。ただ、言葉の端々に『まあ、まあ』と言う癖があるようですので、今後、それに気をつけなさい」

小西先生はその年の暮れに五十代の若さで亡くなられたのですから、相当にお体のつらい時期であったろうと思います。普通なら自分の病気のことで頭がいっぱいで、どうしたら楽になるかと考えるところではないでしょうか。それが海の物とも山の物ともつかない一青年の話を聞き、その前途を思ってアドバイスまでしてくださったのです。

この先輩のご至誠に触れたことは、若かった私にとってもたいへんな感激でした。もし私自身がそのときを迎えたら、同じことができるかといえば、今でも自信はありません。私が今日まで家庭座談会を続けさせていただいているのも、この先輩のお心を無にしてはいけないという思いからです。

結婚は昭和三十六年、小西先生の三回忌が行われる年でした。これを機に社宅を出た私は、就職の世話をしてくれた親戚の家の隣に土地を借り、家を建てました。ここへ越してきたころから積極的にご近所を回り、わが家の家庭座談会へご案内したものです。当初は数人で火鉢を囲んで行っていたささやかな座談会に、このあたりの長老方もよく参加してくださり、かわいがっていただきました。

大法は心にあり、小法は形にあり

三十代を迎えると、モラロジーに対する意欲がいっそう増してきました。時には熱心さのあまり、こんな失敗をしたこともあります。

ある歯科医院に通っていたときのことです。そこの院長は、関西でも屈指の総合病院で口《こう》腔《くう》外科の部長まで務めた方でしたが、どういうわけか私のことをかわいがってくださり、診療が終わると「お茶でも飲んでいきなさい」と声をかけてくださるのでした。

その日、いつものようにお茶をいただいていると「谷藤さんは何か特別な勉強をしているの？」と言われました。私にとっては、願ってもない質問です。まずは尋ねられるままに、モラロジー研究所本部の所在地、会員数などを答えました。

話しているうちに、私の心の中に〝なんとか今度の講習会に来ていただこう〟という色気が出てきました。そう考えていると、事務所の仲間の驚く顔までが目に浮かんできます。

すっかりその気になった私は「自我没却の原理と伝統の原理がありまして、人心開発救済が……」と、聞かれもしないことを滔々《とうとう》と述べ立てました。すると、はじめは穏やかに聞いてくださっていた先生が、どういうわけかだんだん不機嫌そうな表情になってきたのです。しまいには、私の顔をじっと見つめて「そうやってしゃべればしゃべるほど、あなたが言うところの〝品性〟を、自分で下げているということが分かっていませんね」と。

本当に、穴があったら入りたいような気持ちでした。「熱心の弊」という言葉がありますが、いかに〝モラロジーを理解していただきたい〟という思いからだといっても、周りのことも考えずにまくし立てるのは最高道徳ではない、と教えられた出来事でした。

やがて私は〝本部講座も受講して、もっと本格的にモラロジーに取り組みたい〟と思うようになりましたが、当時の講座は二週間以上もありましたから、会社勤めをしていたのではそれもままなりません。ついには退職を考えるまでになり、親しくご指導いただいていた伊《い》藤忠也《とうただや》先生（元モラロジー研究所参与・生涯学習本部顧問、故人）のもとを訪れました。

ところが「会社勤めを続けるべきか、辞めるべきか？　それは答えられない」と。私はそれまで、モラロジーはなんでも教えていただけるものと思っていましたから、突き放されたような気分になりました。すると伊藤先生は、続けてこうおっしゃいました。

「格言に『大法は心にあり小法は形にあり』とあります。どういう心で勤めるか、どういう心で退職させてもらうかということだったら教えられますが、形の上でどうしたらよいかは教えられません。モラロジーでは精神作用（心のあり方）に因果律があると教わっているのですから、例えば私が『辞めなさい』と言ったとして、あなたの精神作用が悪かったら、悪いほうに進むでしょう。『続けなさい』と言っても、心がけが悪かったら結果はよくならず、やっぱり辞めたほうがよかったのではということになるでしょう」

ショックのあまり、その日の帰りは逆方向の地下鉄に乗ってしまったくらいでしたが、落ち着いて考えてみると、確かにそのとおりでした。そこで〝不平不満の心でいたら、どちらにしてもうまくいくはずがない。これからは社長のことを思って、心から一生懸命に勤めさせていただこう〟と思い直したのです。

念願の講座受講を果たしたのは昭和四十八年、受講を願い出てからすでに八年が経過していました。開講式で国歌斉唱が始まると、泣けて泣けて仕方がありませんでした。

その後、社長が亡くなられたことを機に「独立をして、悔いのないようにモラロジーの勉強を続けたい」と浅野工場長に願い出て、就職から二十年目に当たる昭和五十年十二月、四十歳で円満退社となりました。それからいくつかの商売を試み、紆余曲折《うよきょくせつ》の末、モラロジーの先輩から紹介された自動車・火災保険の代理店の仕事に就きました。一年あまりの研修を経て無事に資格を取り、独立してからは、驚くほど順調に仕事をさせていただいています。先輩方や仲間の応援が大きかったことはいうまでもありませんが、未経験の営業職ながら、人に会ったり話したりということが全然苦にならなかったのも、日ごろのモラロジーの教育活動に参加していたおかげだと思います。

とはいえ、当初は小さな気苦労が絶えることはありませんでした。集金で商店を回るときは、先方に迷惑をかけないように空《す》いている時間を見計らって訪ねていくのに、そのときに限ってなぜか必ず買物客が来られる、ということもありました。また、お客様の交通事故の対応をしていて、相手の方から厳しく責められたこともあります。それでも「売るにも買うにも人心救済の精神で」という教えのとおり、〝どうかこの方も幸せになられるように〟という思いを持つと、不思議と心が落ち着いてくるのを感じます。これは毎日、仕事を通して低い心になる訓練をさせていただいているようなものだと思いました。

常に低い心で

「父親は社会を教える、母親は愛を教える」と言います。社会とはこういうものだ、人との付き合いはこうするのだという、いわば社会のしくみや道徳を教えるのは父親の役割です。その父を亡くしている私にとって、モラロジーはまさに「父親に代わって生き方を教えてくれるもの」でした。また、親身になって指導をし、励ましてくださる先輩方の姿に「父親」を見ていたようにも思います。

私はこれまで、折に触れて先輩方の指導を仰いできました。うれしいときも、つらいときも、周りにそうした先輩方がおられるというのは本当にありがたいことです。それは、必ずしも人生の節目や大きな悩みに直面したときだけではありません。〝家族も元気だし、そこそこの暮らしはできているから、指導を受けるほどのことはない〟と思って自分の考えで突き進むのではなく、「ちょっとお話を聞かせていただきたいのですが」と言えば、喜んで応じてくださる先輩方が、モラロジー団体にはたくさんいらっしゃるのです。この恵まれた環境を生かさない手はありません。「教えを受けよう」「学び取ろう」という心の姿勢は、常に大切にしていきたいものです。

昭和六十二年、尼崎事務所の主任（現在の代表世話人）にというお話をいただいたときには、その「初心」としてどのような心構えを持ったらよいかということで、大阪の三輪勝雄《みわかつお》先生（元廣池学園顧問・モラロジー研究所参与、故人）にご指導をいただきにまいりました。

三輪先生は、阪神間はもちろんのこと、全国的にご活躍の方でしたので、私などには近づきがたいようにも感じられ、前任の柴田英輔《しばたえいすけ》主任に同行をお願いして少々緊張しつつお訪ねしたのですが、たいへん温かく迎えて入れていただきました。そして、先生は「それはよいことに気がつきましたね」とおっしゃると、「一命して僂《る》す。再命して傴《う》す。三命して俯《ふ》す」（『史記』孔子世家第十七）という言葉を教えてくださいました。

これは『道徳科学の論文』にも引かれている言葉で、孔子の祖先の正考父《せいこうほ》という方は、位が上がるほどに一段と低く頭を下げ、恭《うやうや》しい態度を心がけたというお話です（新版『論文』⑥八七ページ）。三輪先生は私の質問を受けて、「人間は年を経るに従い、また、新しくお役をいただくに従って、より心の姿勢を低くし、ますます謙虚にならなければならない」ということを、先生ご自身の若き日の貴重な「失敗談」も披露されながら、優しく切々とお話しくださったのでした。

高慢になってはならないことは言うまでもありませんが、「謙虚になる」とは、決して「消極的になる」ということではありません。積極的に行動を起こしつつも、いっそう低い優しい心になっていくことの大切さを教えていただいたのだと思います。目先の現象について心をとらわれて、実現はいまだ道はるかの感はありますが、その後の実際生活上、そして教育活動上の「心のあり方の原点」として繰り返し思い返し、積極的な反省を重ねてきた次第です。

「扶育の大恩」を思う

平成六年十二月、子供のころに六年間お世話になった徳島の地での、二日間の連続講演会に出講する機会をいただきました。なんとも懐かしく、うれしい気持ちで出かけていくと、かつての同級生やご近所の方々も来てくださり、山あいの小さな公民館はいっぱいになりました。

開会に当たり、教育委員会を代表して挨拶に立たれたのは、私の中学時代の恩師であるI先生でした。I先生はその場で、こんなことをおっしゃったのです。

「かつての教え子である谷藤君が道徳の話をしてくれるというので、今日はたいへん楽しみにして来ました。……ところで今、プログラムを見ると、二日間で五十分を四コマとあります。これでは遠来の講師に申し訳ないので、勝手ながら、私のいただいた時間を延長してご挨拶いたします」

思いもよらない展開に、講演会を運営する地元の方々は慌てておられる様子です。しかし先生は、委細構わずお話を続けられます。

私はハッとしました。I先生にしてみたら、私のイメージは少年のころのままなのでしょう。とっさに〝もし途中で話が尽きてしまったら、故郷での晴れの舞台が台無しになってしまう。ここは私が助けてやらなければ〟と思ってくださったに違いありません。

中学時代、戦争遺児であった私のことを先生が何かと心にかけてくださっていたのは、子供心にも感じていました。あれから何十年も離れていたというのに、今もこれほどご心配くださっているのか……。そのありがたさに、胸が熱くなりました。

明くる日、I先生は「ほかの用事がある」とおっしゃっていたのを、予定を変更して奥様同伴でお越しくださり、最前列で聴講されました。そして閉会後には、先生のほうから席を立って私に声をかけてくださり、「谷藤さん、昨日は失礼しました」と、深々と頭を下げられたのです。驚いた私は、慌てて「とんでもありません。先生のお気持ちをありがたく……」と。後はもう、言葉になりませんでした。

〝ああ、「扶育《ふいく》の大恩《たいおん》」とはこういうことか〟と思いました。あのころは人生の「じ」の字も知らず、モラロジーの「も」の字も分からなかった一少年が、いつの間にか、人前で五十分を四コマも話しても苦にならないまでに成長していた。これは、自分で努力して「なった」というように思いがちですが、精神伝統をはじめ大所高所から多くの方々に教えられ、助けられ、育てられてそうなってきたのであり、「させていただいている」のです。みずからが受けてきた恩恵の大きさに、あらためて気づかされた出来事でした。

何事においても「自助努力」ということは大切ですが、一つ間違うと「よくなったのはすべて自分の努力の結果だ」というように、高慢になりかねません。よく一般に「他力本願ではいけない」と言いますが、「他力」という言葉の本来の意味は、自分ではなんの努力もせずに他の力を当てにすることではなくて、「他の力のおかげによって歩ませていただいている」という深い考えです。一方、「本願」とは「谷藤にどうか幸せになってもらいたい、立派になってもらいたい」という願いでしょう。それは、万物を生み育てるという宇宙自然のはたらき（自然の法則）――いわば「神仏の心」に通じるものです。

私たちは、そうした大いなる存在の意思の中で、まさに「生かされている」のです。そう考えると、うれしいこともつらいことも、すべては自分の成長のために存在してくださっているものとして、「ありがたいな」「もったいないな」「おかげさまだな」という気持ちで、喜んで受けとめることができるように思います。私たちはこうした「幸福感」を味わうために、モラロジーを学んでいるとも言えるのではないでしょうか。学力や知力、金力や権力を得るということも「幸福」の一つの条件ではあるかもしれませんが、「何事にも幸せを感じる力」をはぐくむことが、何より大切だということです。

三・一一の東日本大震災と同様の大災害、あの阪神・淡路大震災が発生したのは、徳島の講演会での気づきから一か月あまり後のことです。尼崎は震度六でしたから、わが家も半壊状態で、家の中は足の踏み場もないありさまでしたが、「今こそご恩返しを」という思いが私を駆り立てました。尼崎は近隣地域の救援活動や物資の輸送の拠点となりましたので、妻も連日、柴田前主任の会社で寝泊まりをされるボランティアの方々の食事のお世話を手伝ってくれました。落ち着いてくるまでの一か月ほど、わが家の片付けは手つかずになりましたが、少しも疲れを感じることなくやり遂げることができたのは、全国のモラロジー関係者の心強いご支援と「扶育の大恩」に、なんとか報いたいという思いからでした。

「積善の道」を志して

かつて、ある先輩がこんなことを教えてくださいました。「亡くなったお父さんがあの世でいちばん喜ばれることは、人心の開発救済、最高道徳の実行ですよ」と。

『道徳科学の論文』には、人心の開発救済は「人類最高の善事」（新版『論文』⑧一五二ページ）とあります。故人に対する真の「追善供養」とは、亡くなられた人に代わってこの世で子孫が善を積むことが供養になるという意味ですから、確かに「追善」として、これ以上のことはありません。人様の幸せのためにさまざまな機会を通じて働かせていただくことは、ご先祖様がいちばん喜ぶことであり、ご先祖様に力添えをすることなのです。ですから、モラロジー教育活動に携わる私たちは、「こうして努力している私の姿を、お父さんやお母さん、おじいさんやおばあさんが、うれしそうに微笑《ほほえ》みながら見守ってくださっている」というイメージを持って、喜び、楽しみながら取り組ませていただきたいものです。

さて今、静かにわが身を振り返ってみますと、「まだ」か「もう」かは別にして、おかげさまで本年、七十七歳の喜寿の年を迎えました。私なりの人生、山あり谷ありの七十七年ではありましたが、やはり聖人正統の御教えであるこのモラロジーを学ぶ尊いご縁のありがたさは、とうてい筆舌に尽くせないものがあります。この喜びを元にして、世のため人様のためにと決意を新たにいたしております。それとともに「初心忘るべからず」と、心中ひそかに固くお誓いしておる日々であります。

モラロジー生涯学習資料　第2号

平成24年9月1日　初版発行

編　者　公益財団法人 モラロジー研究所 出版部

発　行　公益財団法人 モラロジー研究所
〒277-8654 千葉県柏市光ヶ丘2-1-1
TEL.04-7173-3155(出版部)
http://www.moralogy.jp/

発　売　学校法人 廣池学園事業部
〒277-8686 千葉県柏市光ヶ丘2-1-1
TEL.04-7173-3158

印　刷　シナノ印刷株式会社

ISBN978-4-89639-221-0